素描入门教程

SKETCH 石膏头像

灌木文化／编著

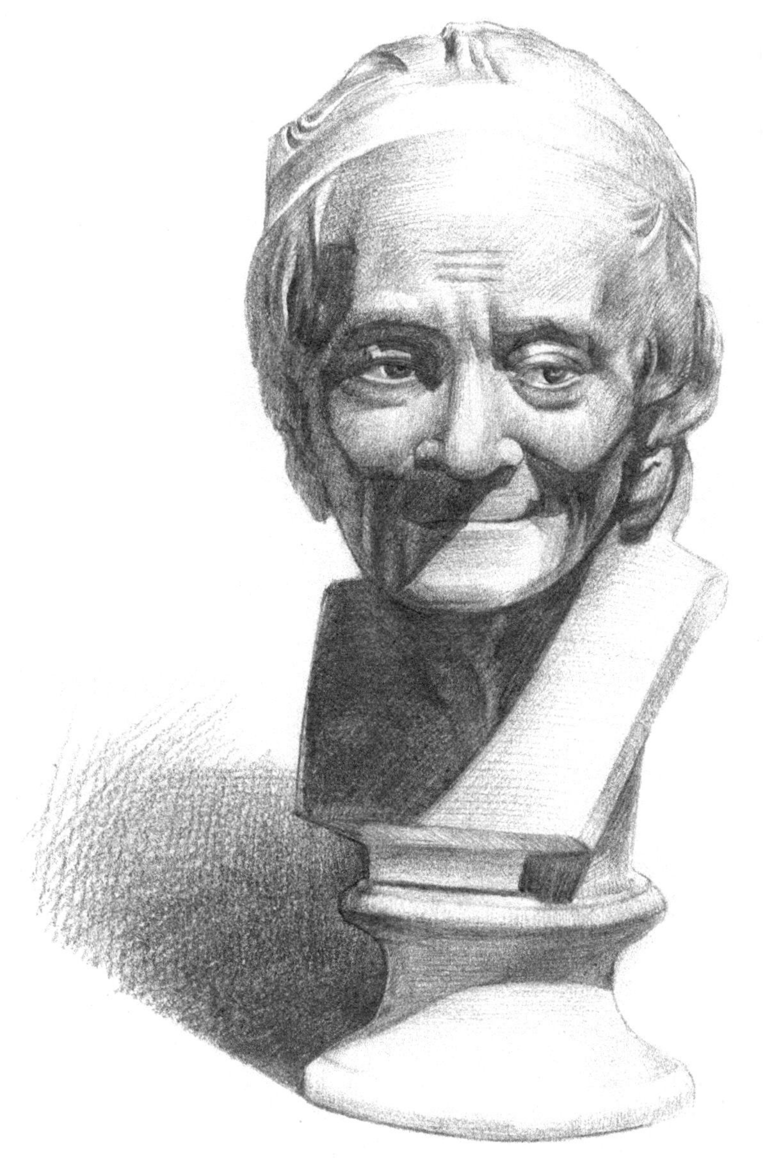

人民邮电出版社

北　京

图书在版编目（ＣＩＰ）数据

石膏头像 / 灌木文化编著. -- 北京：人民邮电出
版社，2017.4
　　素描入门教程
ISBN 978-7-115-45101-9

Ⅰ．①石… Ⅱ．①灌… Ⅲ．①石膏像－素描技法－教
材 Ⅳ．①J214

中国版本图书馆CIP数据核字(2017)第036977号

内 容 提 要

对于素描初学者来说，最令人头疼的素描题材非人物莫属，而人物素描中最基础的就是石膏像。本书通过合理的内容安排，循序渐进地帮助初学者掌握石膏像素描的绘制方法，提升绘画功力，从而成为真正的绘画达人。

本书共 3 章。第 1 章为素描基础部分，介绍了素描的工具，以及排线、透视、光影等素描的基本技法；第 2 章通过石膏五官的案例讲解，介绍了人物五官的基本结构与立体感的塑造方法；第 3 章通过对石膏头像案例的详细讲解，介绍了石膏头像的绘制方法。

本书既适合素描初学者与素描基础薄弱者阅读，也适合各大培训机构和大专院校作为教学用书。

◆ 编　　著　　灌木文化
　　责任编辑　　王雅倩
　　责任印制　　陈　犇

◆ 人民邮电出版社出版发行　　北京市丰台区成寿寺路 11 号
　　邮编　100164　　电子邮件　315@ptpress.com.cn
　　网址　http://www.ptpress.com.cn

◆ 开本：787×1092　1/16
　　印张：3　　　　　　　　　　2017 年 4 月第 1 版
　　字数：120 千字　　　　　　2017 年 4 月北京第 1 次印刷

读者服务热线：(010)81055296　印装质量热线：(010)81055316
反盗版热线：(010)81055315
广告经营许可证：京东工商广字第 8052 号

Contents 目录

第 3 章
石膏人像

第 1 章　素描绘画基础

素描是一切造型艺术的基础，是练习绘画的基本手段。它主要借助单色的线条或明暗调子来表现物体的造型，并研究造型的基本规律。所以，只有拥有了扎实的素描基础，我们才能画出更好的画作。

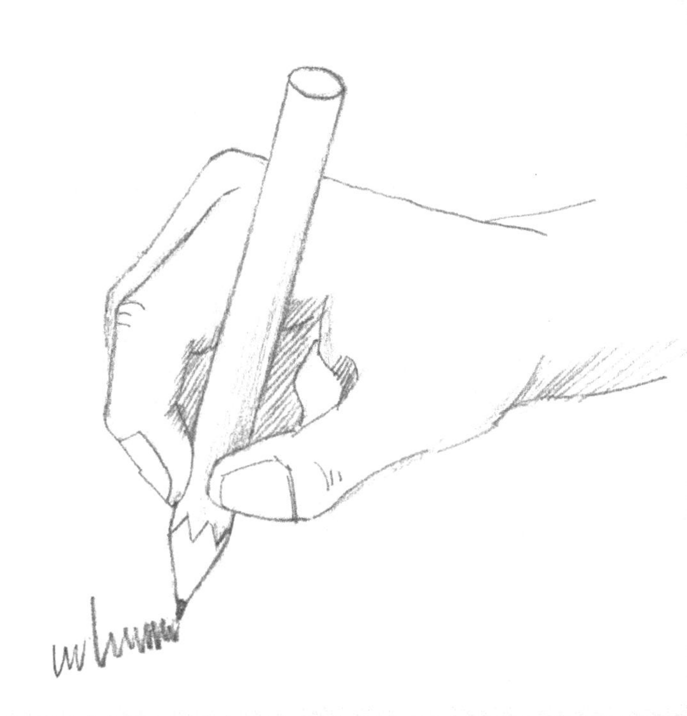

1.1 素描工具介绍

  素描工具的种类很多，如石笔、炭笔、铁笔、粉笔、毛笔、铅笔和钢笔等，也有用钻子和金钢石作画的。工具的不同不仅关系着素描的性质和构图，也能影响画家的情绪和技巧。工具的选用取决于画家所要达到的艺术效果。一般认为，干笔适宜画清晰的线条，水笔宜于表现平面；精美的笔触可用毛笔挥洒，而广阔的田野则可用铅笔或粉笔去勾勒。

  以作品尺寸而言，大幅素描作品适宜用木炭来画，对其轮廓、阴影等细节可进行长时间的细细分析与研究。至于铅笔则适合创作较小尺寸的作品，很少有大张的铅笔画。而钢笔画则更小了，往往在插画上用得较多。素描的单色表达使工具的选用可以变得十分随意，而且常常可以综合使用几种工具造成多种画面效果。

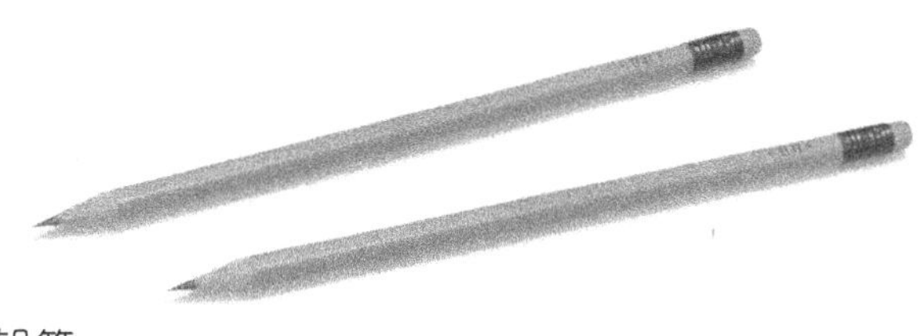

铅笔

  适于在普通纸、制图纸及雾面制图胶片上进行书写或绘图，具备多种规格，是画家与图像设计师的理想工具。

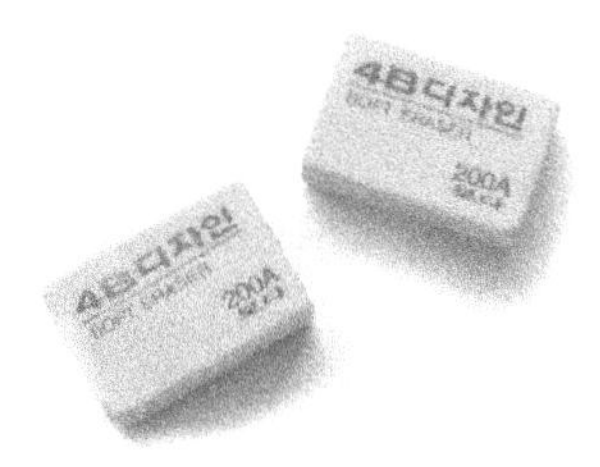

橡皮

  橡皮是用橡胶制成的文具，能擦掉石墨或墨水的痕迹。

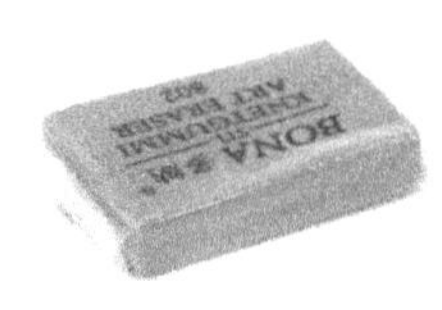

可塑橡皮

  可塑橡皮是专门用于绘画的橡皮，它可以捏成各种形状。既可以擦大面积的颜色，也可以捏出棱角来擦很细小的局部。

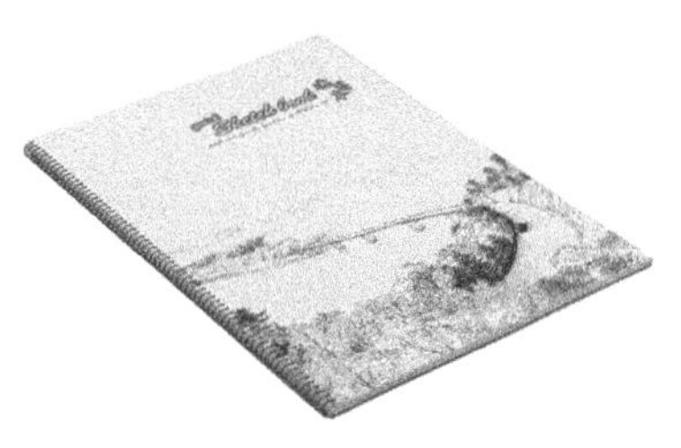

素描纸

  素描纸拥有特殊的纹理，非常容易着色，不仅可以当作素描画纸，也可以作为水粉画纸使用。

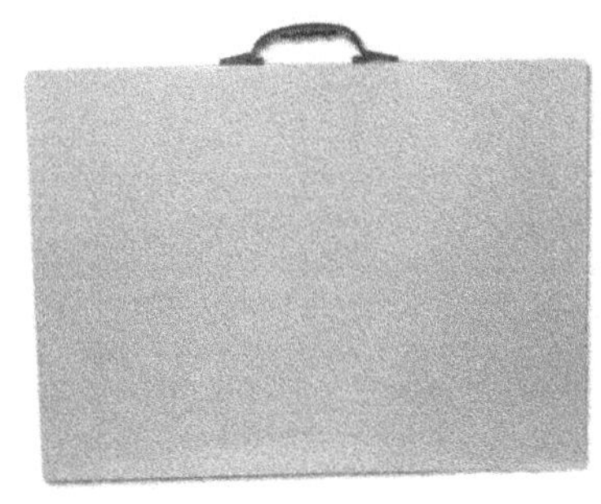

画板

  画板是木头材质的，8 开或 4 开的素描纸都可以在上面使用；因其轻巧易携，是必用画具之一。

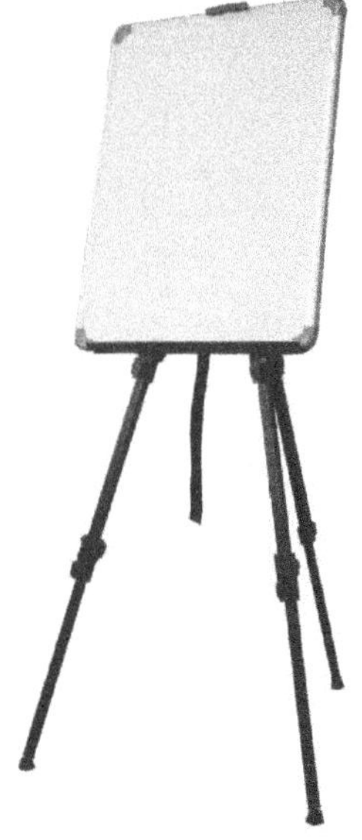

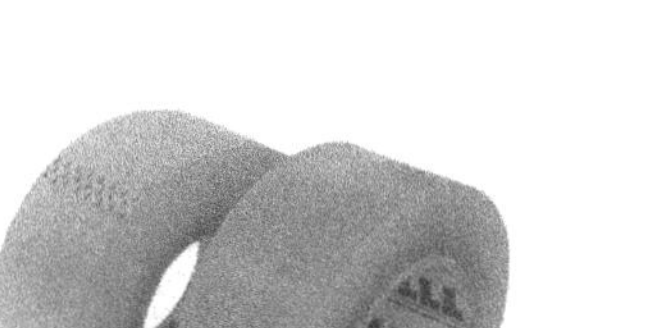

画夹

  画夹用来固定画纸，可用在木质画板上，使用方便。

透明胶带

  透明胶带是用来固定画纸的，使用方便。

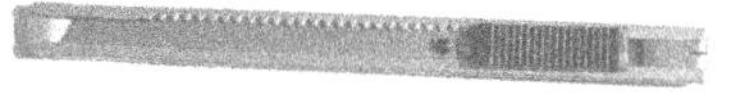

美工刀

  美工刀是常用的削笔工具，能根据绘画需要削出不同形态的笔尖。

画架

  画架是金属材质，便于携带，占用空间小，多配合画板来使用。

1.2 铅笔的使用

　　了解所用工具和材料是掌握一门技法的前提，素描的工具和材料很多，我们不需要一一掌握，但对一些常见的工具和材料的性能特点必须有一个整体的了解，尤其是对于铅笔的掌握。前面已经提到，笔的种类颇多，主要有铅笔、炭精条、木炭条、炭笔、钢笔、圆珠笔、毛笔和马克笔等，它们的性能与效果都大不相同，大家可根据特定的要求进行选择。

1.2.1 认识铅笔

1.2.2 铅笔的不同型号

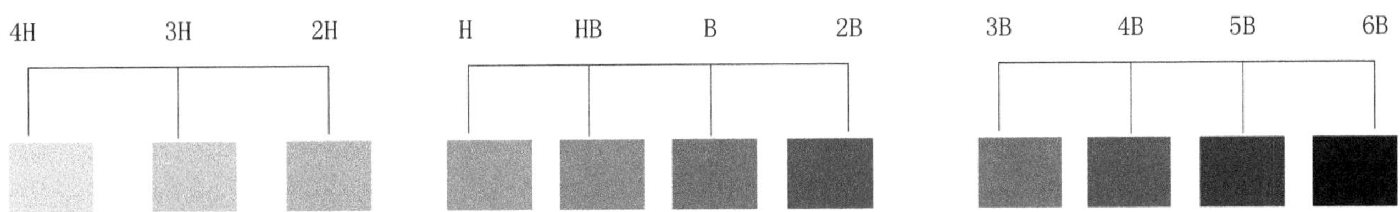

　　铅笔有很多不同的型号，每一种型号都有着不同的用途。我们可以看到铅笔尾端上所标的型号"H"和"B"，它们分别代表的是铅芯的软硬程度，H代表硬铅芯，B代表软铅芯，H前边的数字越大，铅芯越硬，画出来的色调越浅，相反，B前边的数字越大，代表铅芯越软，画出来的色调越深。

　　通常在画一幅作品时，会分别运用到不同型号的铅笔来处理不同阶段、不同环节上的画面效果。具体我们可以看一下下面的圆锥体的绘制步骤，看看在不同阶段作者都采用了何种型号的铅笔来作画。

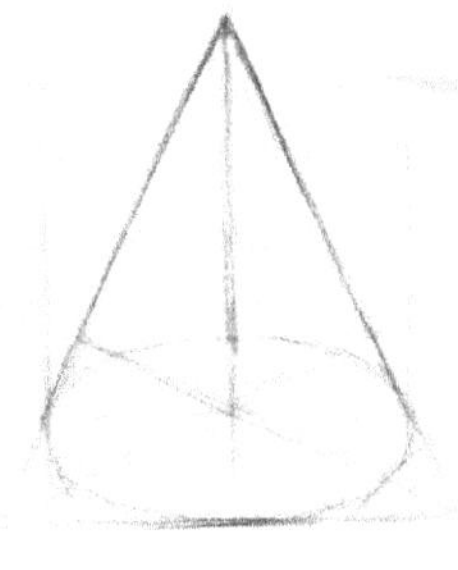

2B铅笔适合起稿，起稿的时候要注意使线条保持轻松和变化。

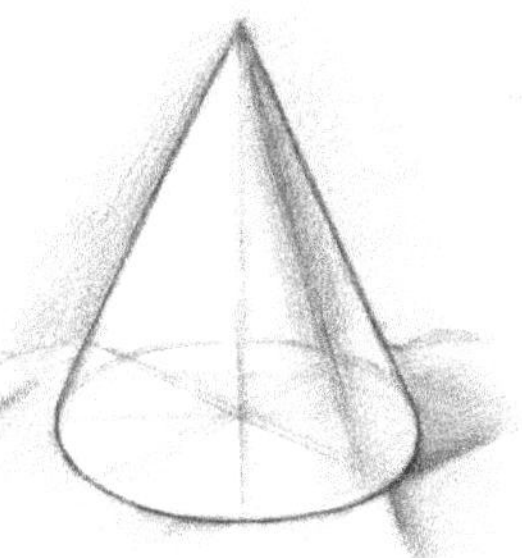

2B、4B铅笔适合涂第一遍调子，注意找准明暗交界线，确定明暗关系。

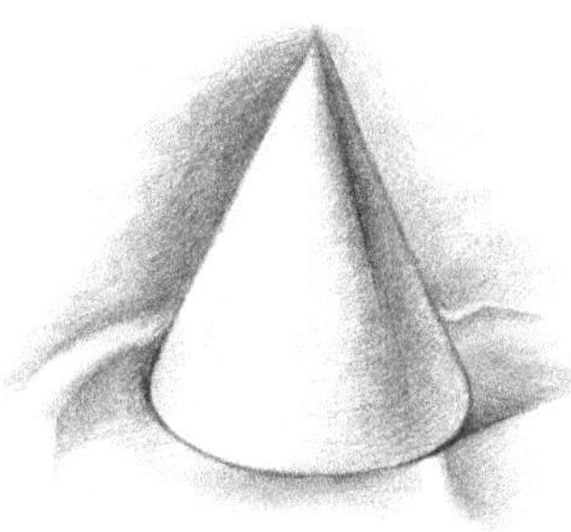

4B、6B铅笔适合进一步强调明暗关系，使画面的体积感加强。

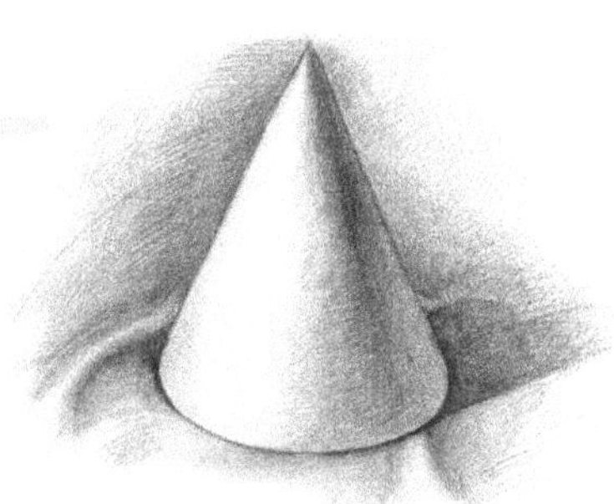

H型号的铅笔适合刻画细节，注意对整体感觉的把握。

1.3 如何执笔

1.3.1 常用的执笔姿势

画素描时通常采用铅笔不穿过虎口而横握于掌下的执笔方法。正确的执笔方法是绘画的前提，是把画画好的一个重要环节。执笔得法，画画时才能运用自如；如果执笔不当，养成不正确的习惯，纠正起来会很困难，也不利于把画画好。下面为大家介绍几种常用的执笔姿势。

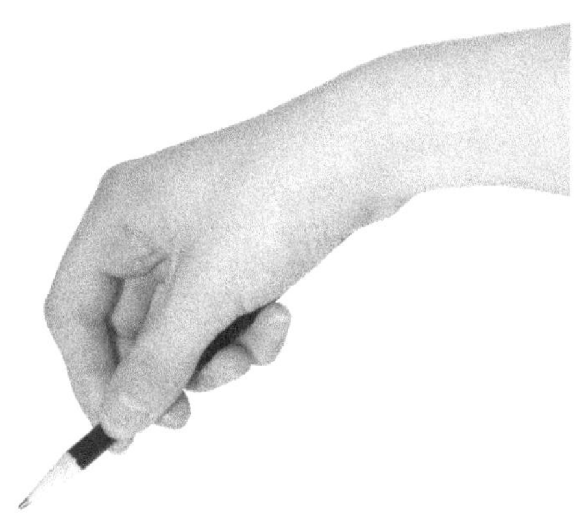

轻拿笔的前端，把铅笔放倒至与纸面呈 45° 左右，画出的笔触略实，常用于后期明暗的描绘。

食指与拇指握住笔的前端，把笔横放于手心，画出的笔触前实后虚，常在铺设画面明暗时使用。

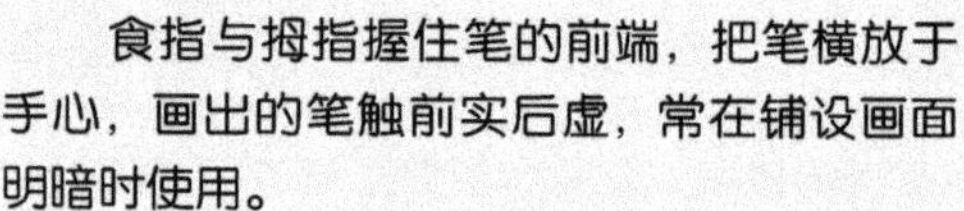

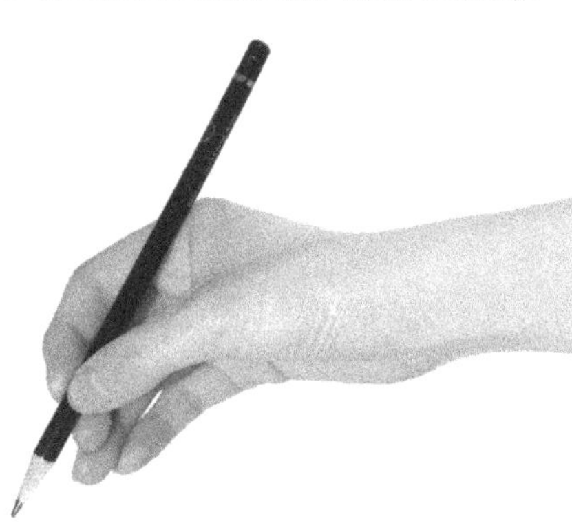

像写字一样，握住笔的前端，笔触的重心在前端，这样画出的笔触比较坚硬有力，常用于描绘一些清晰的轮廓。（注：执笔不要太靠前，否则不利于笔触、线条，以及线条轻重变化的表现。）

轻拿笔的前端，把铅笔放倒一些来画，主要用于比较轻的涂抹，常用于初始阶段大面积明暗的涂抹。（注：执笔端不宜太靠上，否则把握不好用笔的力度，同样不利于笔触的表现和线条的排列。）

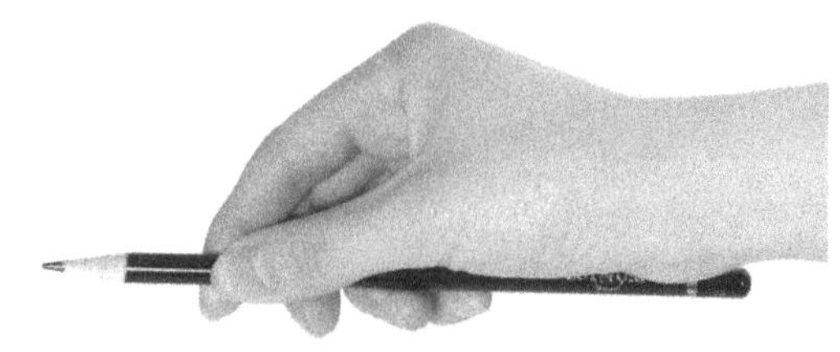

1.3.2 其他的执笔姿势

　　画素描时常常需要通过握笔杆的不同位置来改变笔触。笔杆握得越高，越好画出淡而长的线条；笔杆握得越低，越好画出深且重的线条。

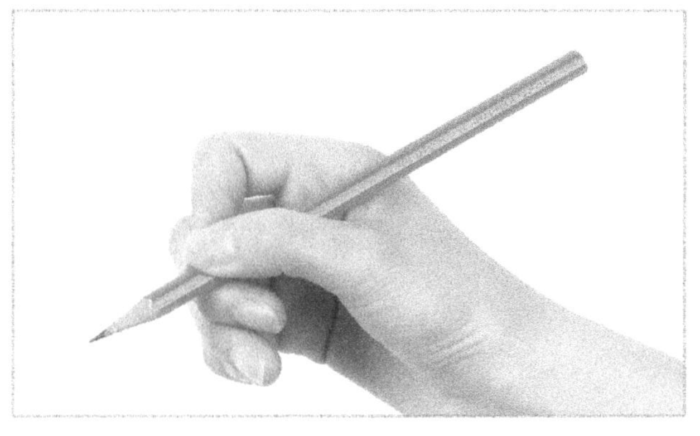

食指与拇指的端部轻捏笔杆，距笔尖约1厘米。

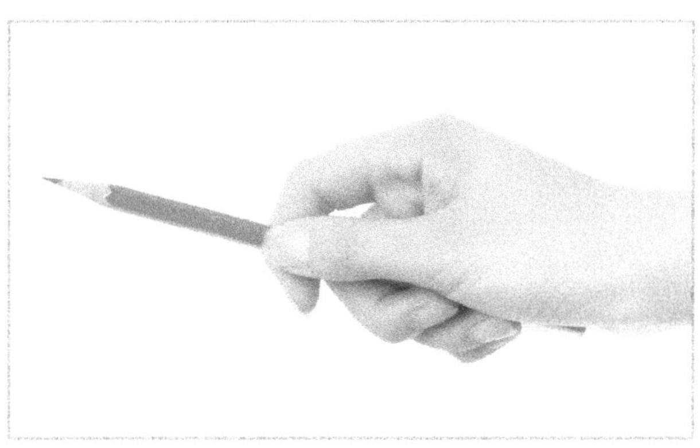

用食指与拇指的横握笔杆，中指的指节处顶住笔杆。

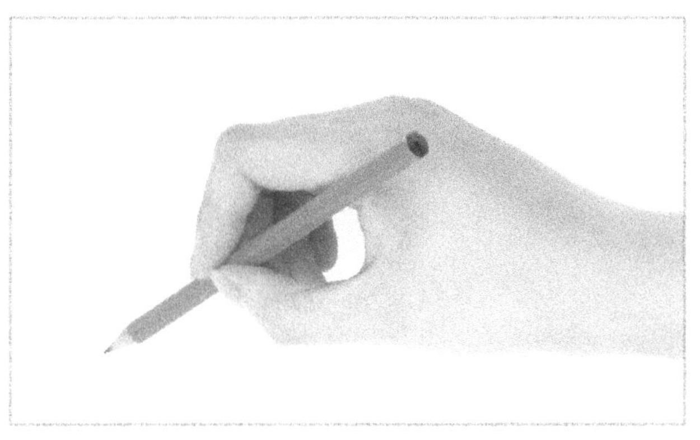

食指与拇指的顶部竖捏笔杆，距笔尖约3厘米。

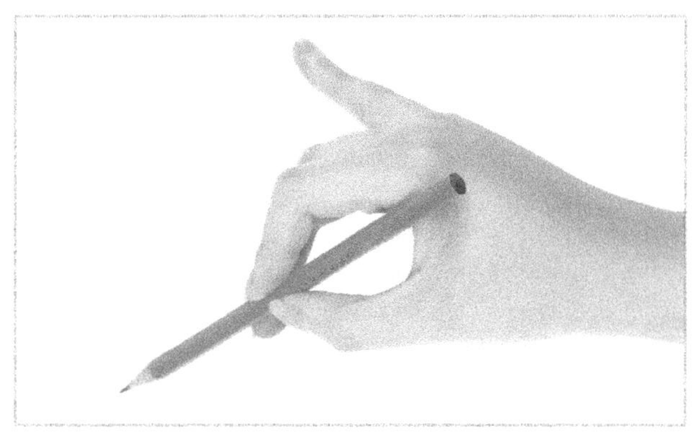

小指抵住画纸、撑住手腕，用食指、中指和拇指握住笔杆。

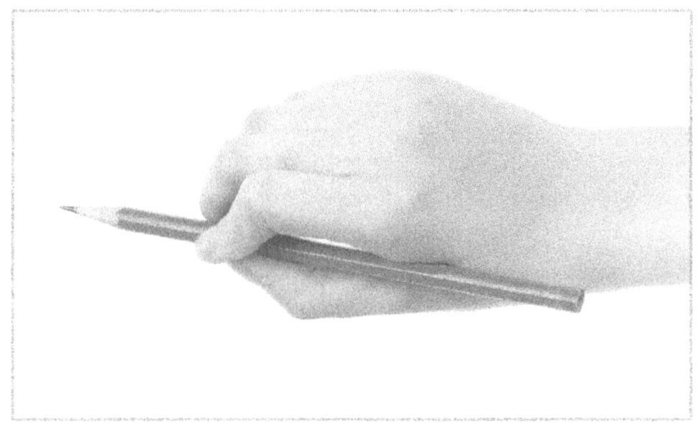

用拇指与食指握住笔杆的上方，中指托着笔杆。

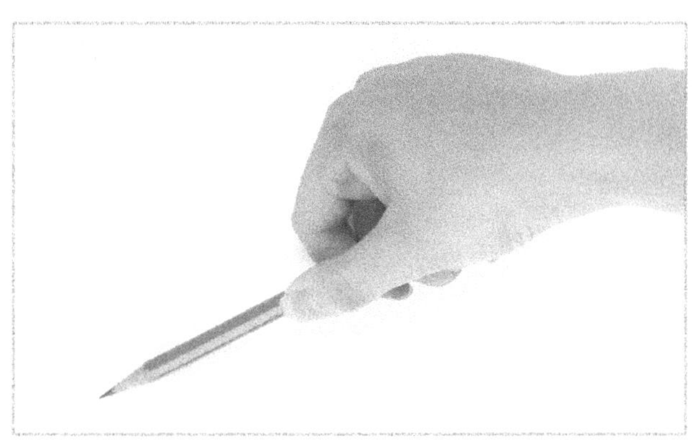

笔杆上部靠在食指关节处，与纸面保持 45° ～ 50° 。

1.4 如何排线

素描中最常用到的线条排列形式是平行直线的排列。较多的线条排列在一起可以形成面，而线条排列的疏密会影响颜色的深浅变化。绘画时要注意使每条直线保持平行。

1.4.1 平行直线

| 横向直线 | 纵向直线 | 斜下直线 | 斜上直线 |

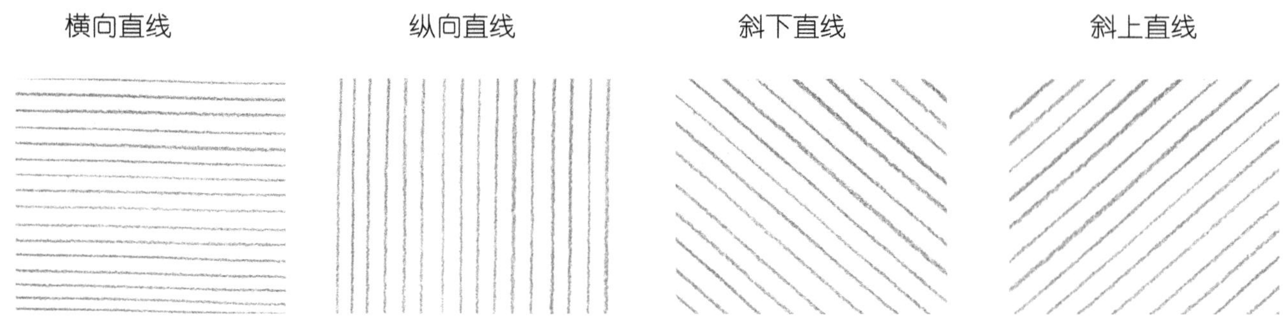

1.4.2 弯曲弧线

| 横向弧线 | 纵向弧线 | 左倾弧线 | 右倾弧线 |

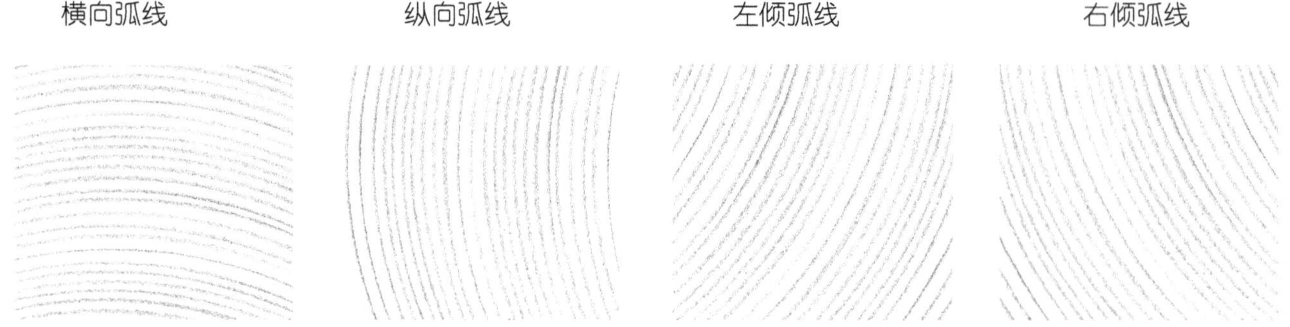

1.4.3 直线、弧线的渐变

| 向上渐变 | 向下渐变 | 向左渐变 | 向右渐变 |

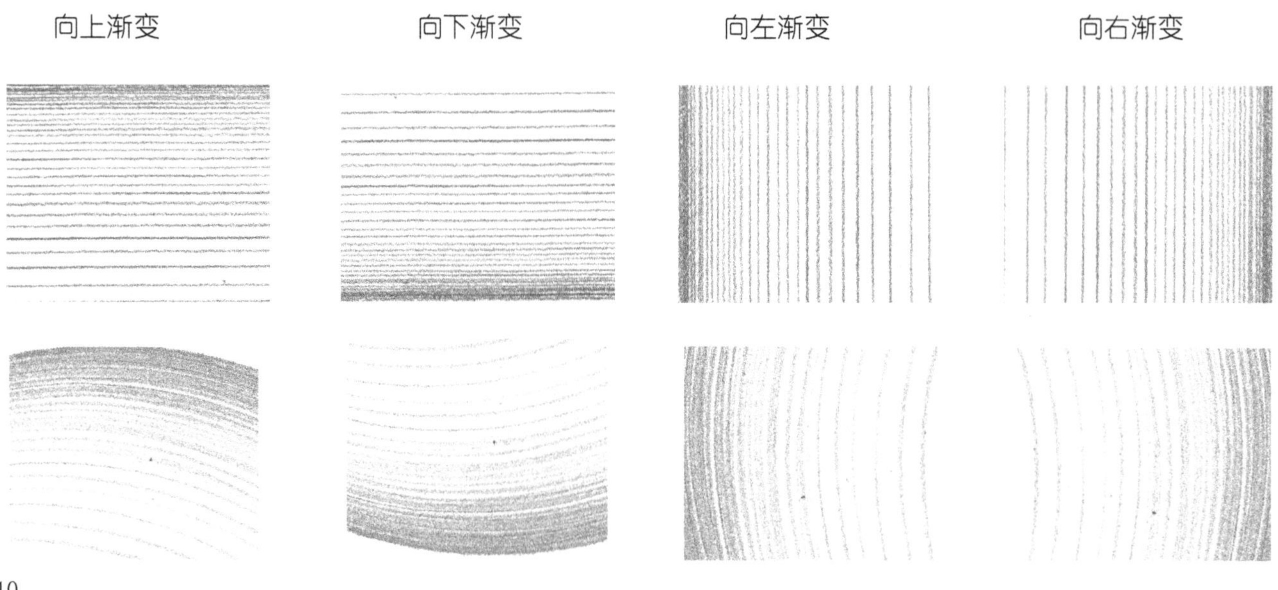

1.4.4 交叉线条

直线交叉

两条或三条不平行的直线交叉在一起，在绘画中可以得到不同的排线效果。

双条横向交叉　　　　　三条横向交叉　　　　　双条纵向交叉　　　　　三条纵向交叉

曲线交叉

两条或三条弧度不同的弧线进行不同方向的交叉排线，可以增强画面线条的变化效果。

双条横向交叉　　　　　三条横向交叉　　　　　双条纵向交叉　　　　　三条纵向交叉

1.4.5 其他线条

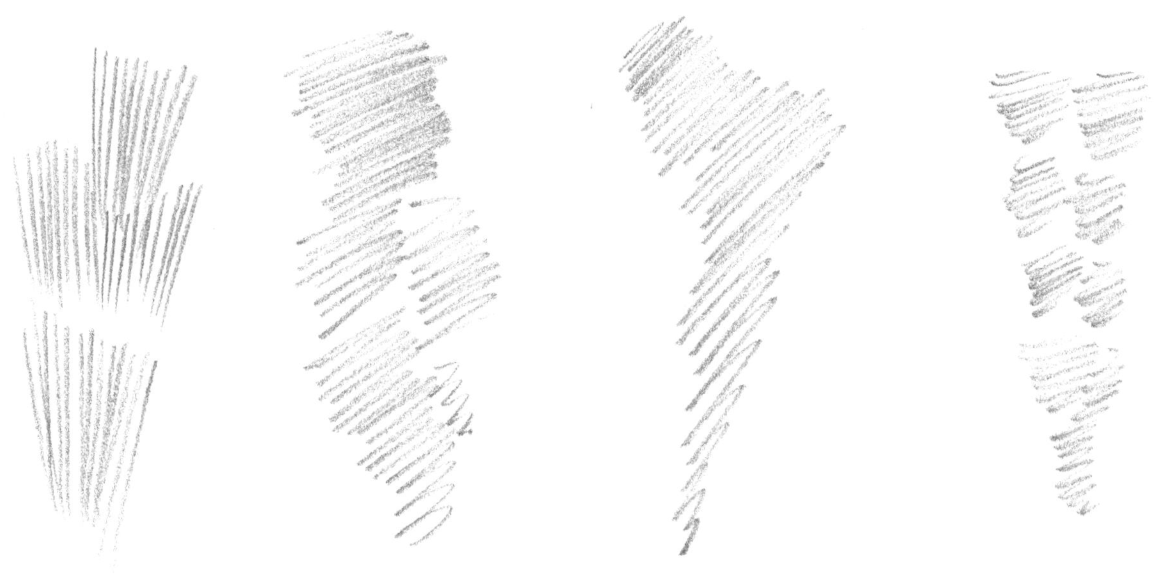

1.5 线条的绘画效果

由于线条是素描中最主要的表现手段，所以对物体可以使用不同形式的线条进行绘画。线条有的粗硬，有的纤细，有的笨拙，有的流畅，用粗的、实的、重的、硬的线表现物象的前面及突出的地方，用细的、虚的、轻的、软的线形成后退、减弱的画面效果。

1.5.1 表现效果

物体通过不同的排线方式进行绘画，所呈现出的绘画效果也会发生很多变化。

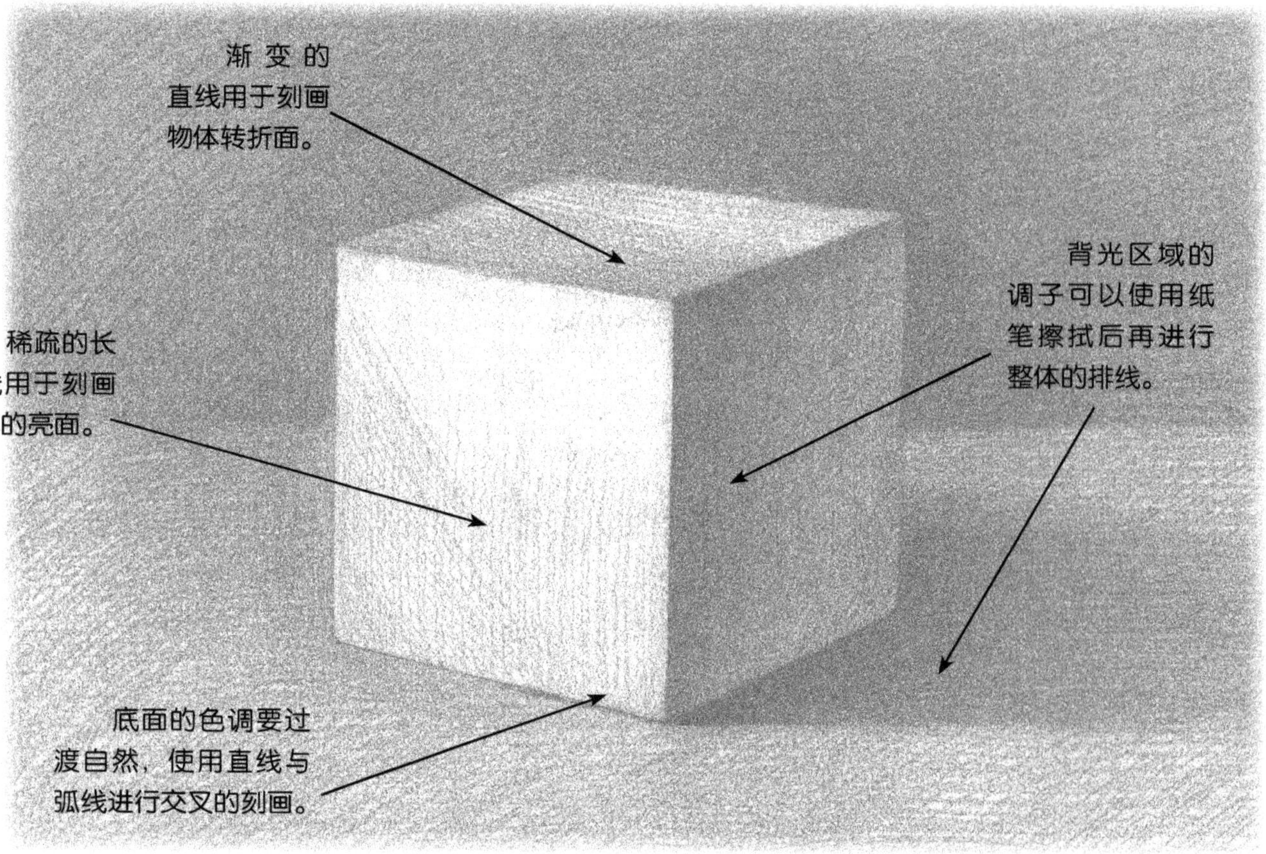

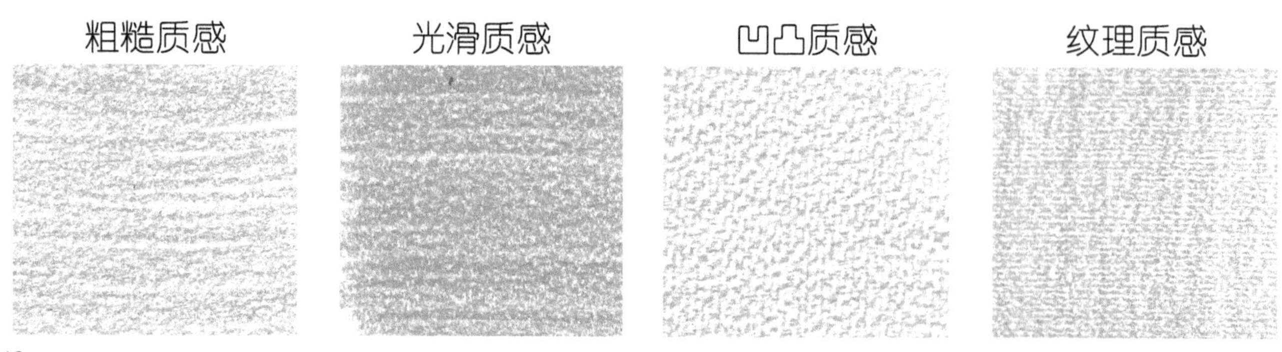

1.5.2 质感效果

在素描中，通常将不同粗细、不同轻重的线条，以不同的方式进行排列，从而表现出物体的多样质感。如将粗重的线条稀疏排列，可表现粗糙的质感；将线条密集排列，可表现光滑的质感。或用铅笔的侧锋在纸上轻涂，可表现凹凸的质感；用铅笔侧锋用力涂抹，可表现出纸张的纹理质感。

1.6 素描的形与体

　　形与体，是素描造型的基本依据和不变的因素。根据对形与体的认识，可以将其分为外形和体积两个因素来进行学习。外形，指平面的视觉外像；体积，指空间的立体体量。外形是体积的外像表现，而体积又必须通过外形来体现。

　　素描几何体的排线方法，要将各形体进行块面的分析，然后按其各个面的形体方向进行排线。

1.6.1 方体的排线

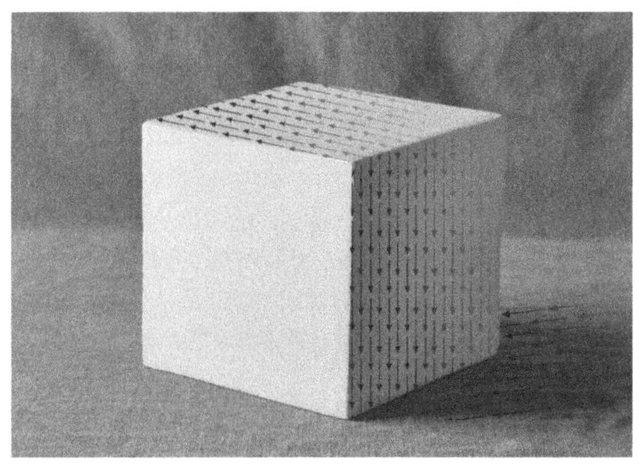

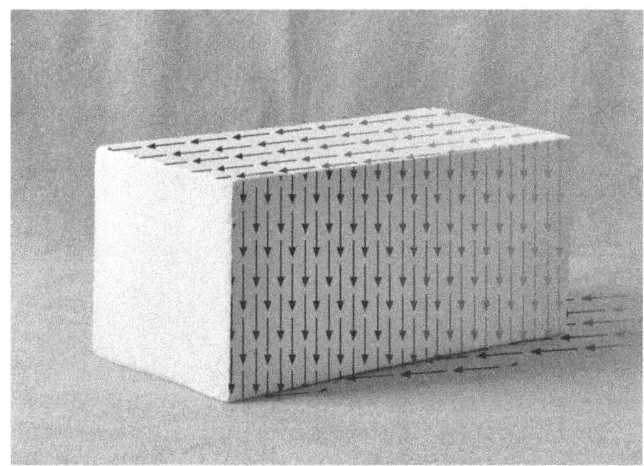

1.6.2 柱体的排线

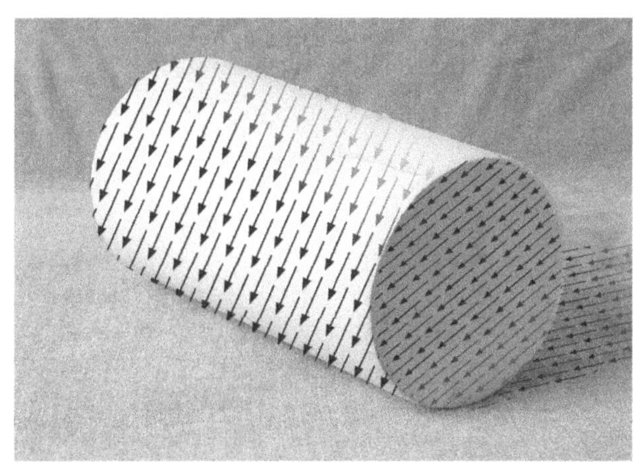

1.6.3 球体的排线

1.6.4 锥体的排线

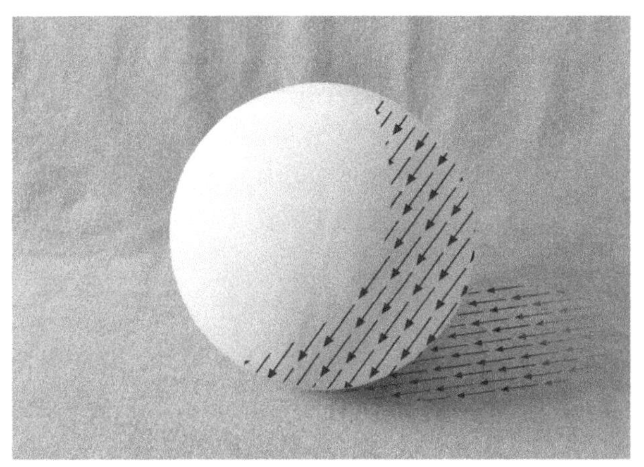

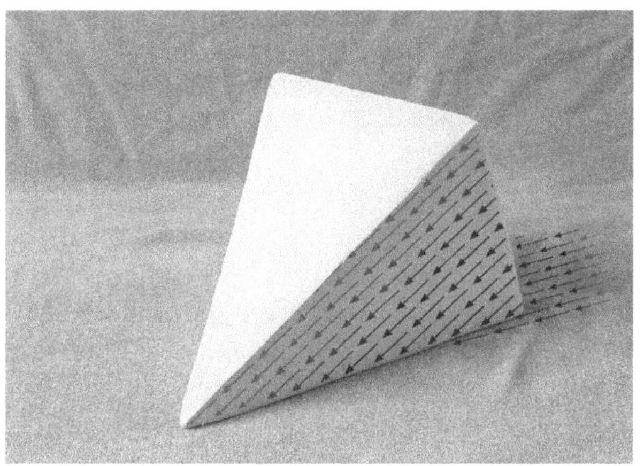

1.7 确定物体比例的方法

目测法

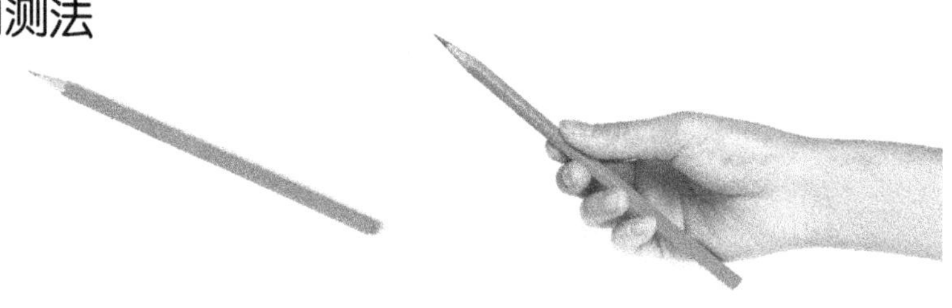

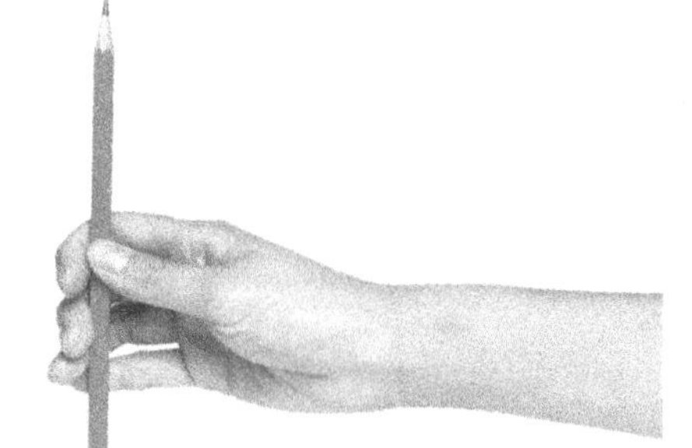

　　我们可以利用身边的铅笔对物体进行全方位的目测观察。45°方向的握笔可以测量出物体之间的角度，90°方向笔直的握笔可以对物体长、宽、高进行测量。注意手臂要伸直，才能得到精确的测量结果。

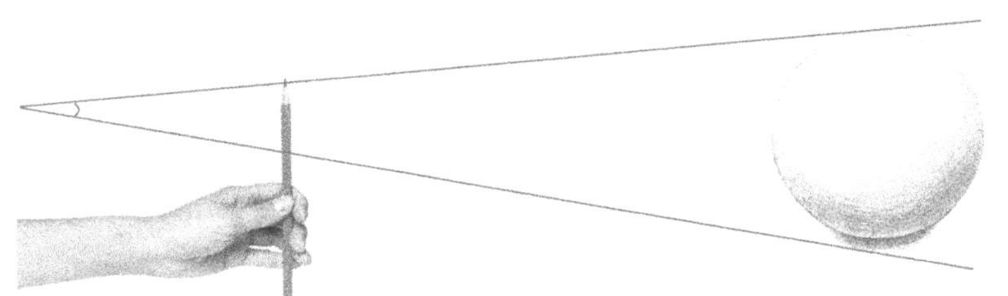

　　目测时，将铅笔作为一条直线，与物体的一条直线的顶点进行相交，得到物体与笔之间的角度。用这样的方法可以目测出物体线条之间的角度，使画者更准确地把握物体结构。

纵向目测法

　　在纵向的目测中，可以根据铅笔自身长度对绘画对象的长度及高度进行比例的测量。

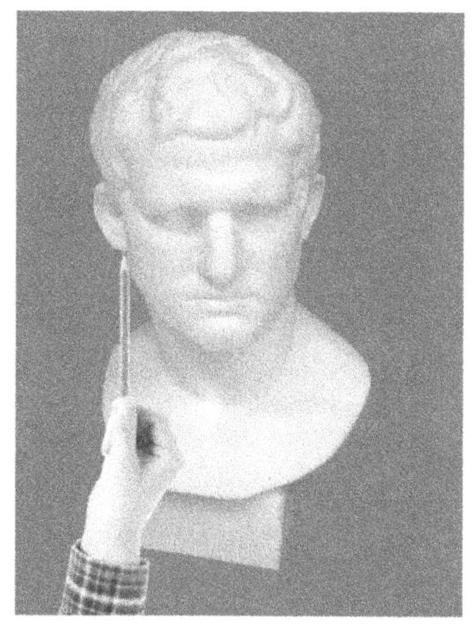

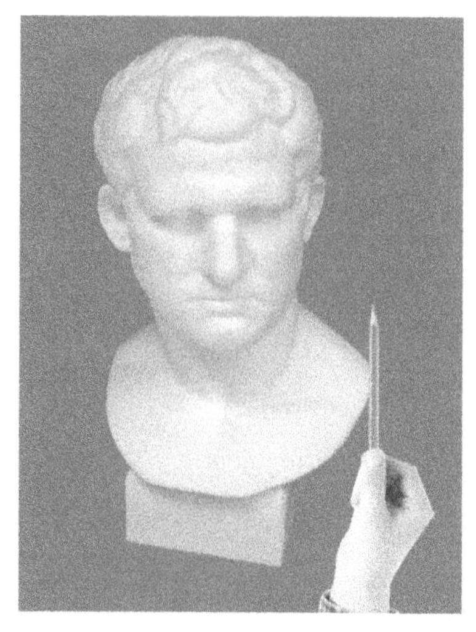

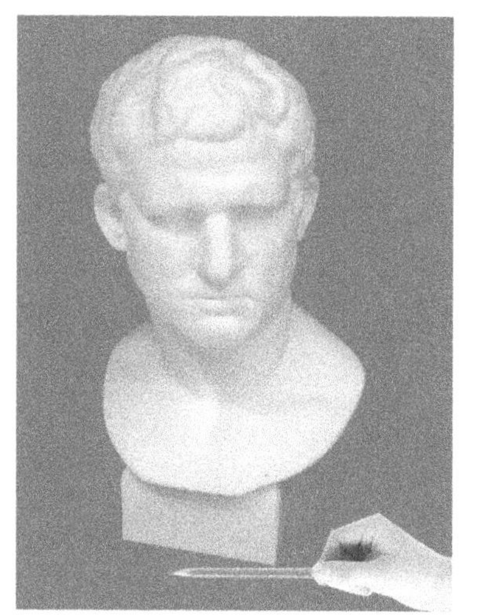

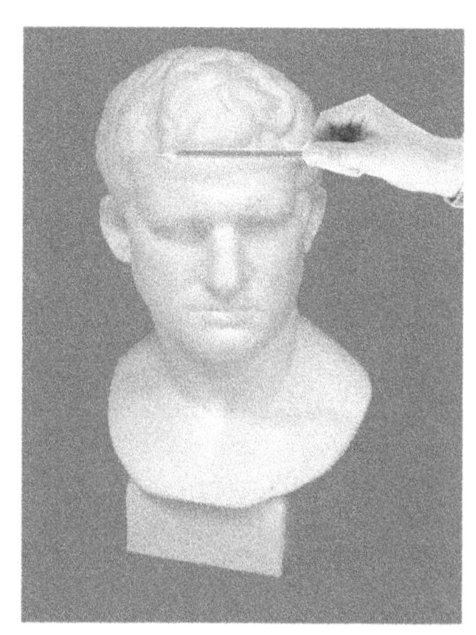

横向目测法

　　在横向的目测中，可以根据铅笔自身长度对绘画对象的宽度进行比例的测量。

1.8 透视

1.8.1 一点透视

　　一点透视也叫平行透视，是指与画面平行的面，或者某个矩形平面的一组边平行于画面，而平行于画面的平面会保持原来的形状。它的透视方向不变，没有灭点，水平的依然水平，垂直的依然垂直，所以平行透视又叫一点透视。

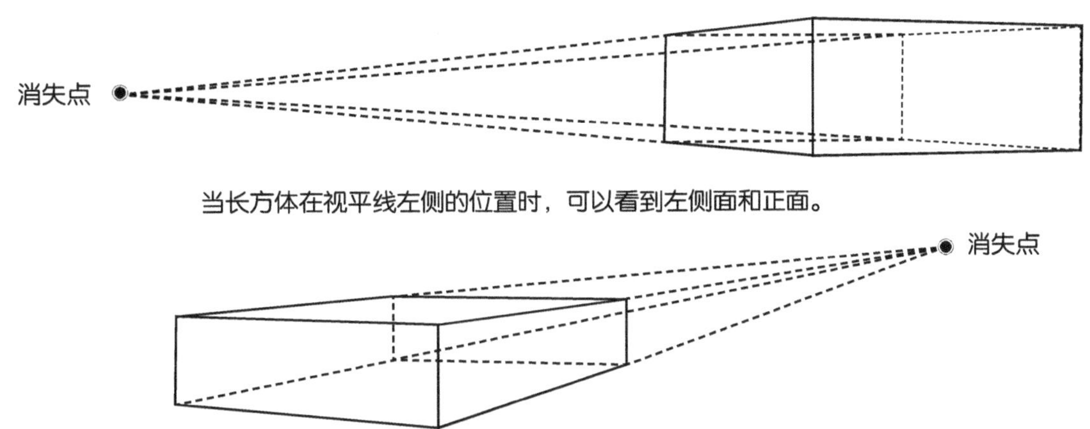

当长方体在视平线左侧的位置时，可以看到左侧面和正面。

当长方体在视平线右侧的位置时，可以看到右侧面和正面。

1.8.2 两点透视

　　两点透视也叫成角透视，就是把长方体画到画面上，长方体的四个面相对于画面倾斜成一定角度时，往纵深平行的直线产生了两个消失点。在这种平行情况下，与上下两个水平面相垂直的平行线也产生了长度的缩小。当视平线上有两个消失点，所绘制的立体结构有两个消失点，两个面都用虚线绘制，所在的视平线与长方体的高度不同时，会绘制出三种不同的画面。当长方体低于视平线时，可以看到顶面、正面和侧面；当长方体平行于视平线时可以看到正面和侧面；当长方体高于视平线时，可以看到正面、底面和侧面。

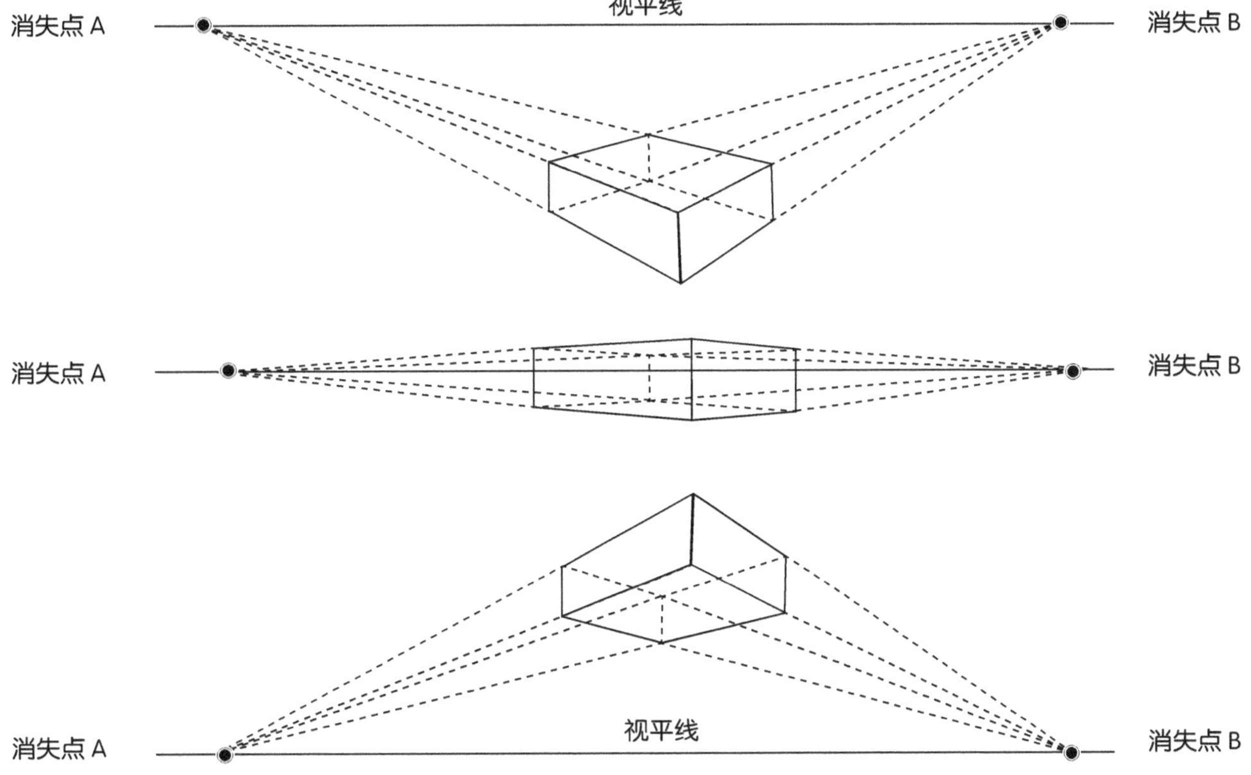

1..8.3 三点透视

三点透视是各种透视中视觉冲击力最
强的一种透视。在画面中它有三个消失点，
其中有两个在视平线上，还有一个消失点
在视平线以外。

三点透视法中，视平线以外的那个消
失点，一定是在与画面垂直的垂直线上，
也一定与视角的二等分线保持一致。由于
建筑物除左右的进深以外又增加了上下高
度的进深，因此这种透视法不仅可以使建
筑物更加生动且富有立体感，而且加强了
画面的空间和纵深感，使画面上看上去很
有"魄力"。

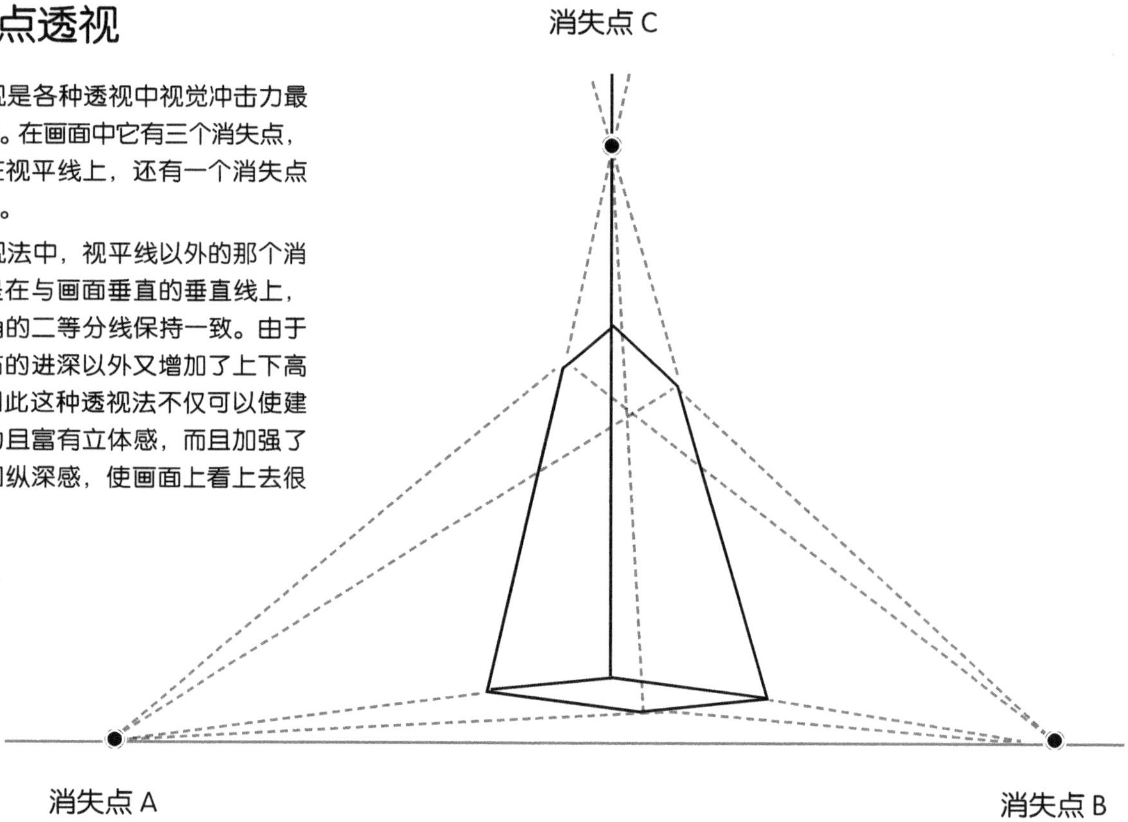

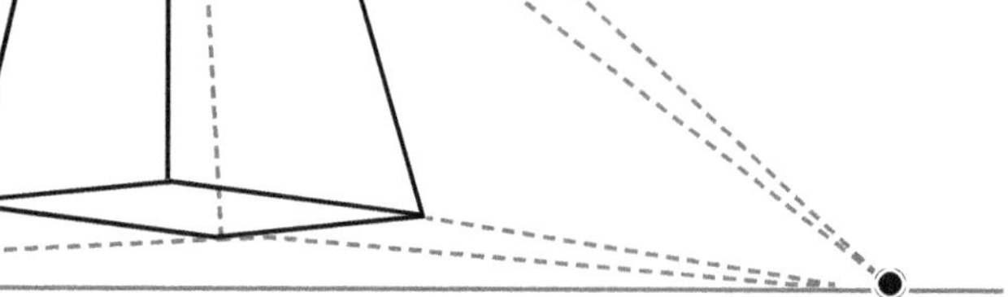

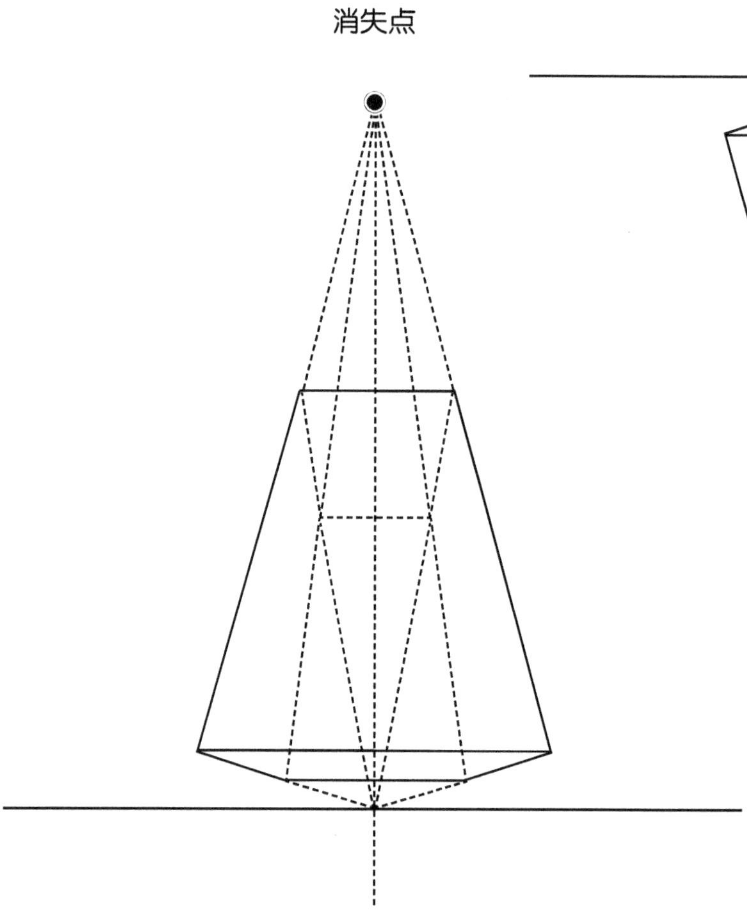

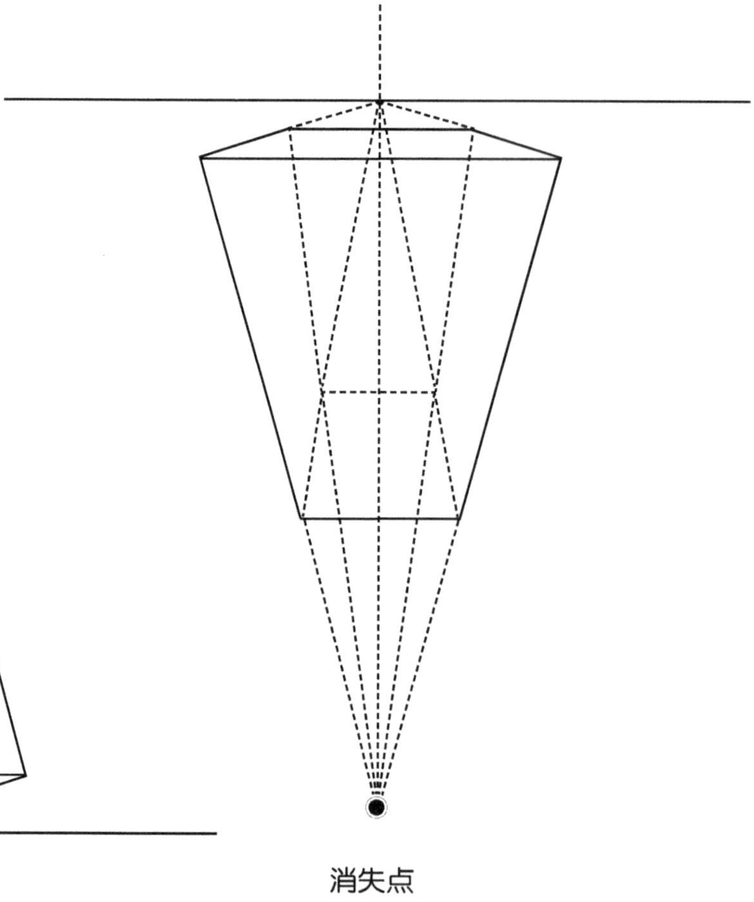

1.9 光影

1.9.1 光影的形成

在学习和表现光影之前，我们必须对光影的形成以及原理有一个基本的掌握与了解。光影主要是通过光照的角度和物体本身的阴影来体现的（如下图），在日常生活中，光线分为人造光线和自然光线两种，它们照射形成的光影是不同的。

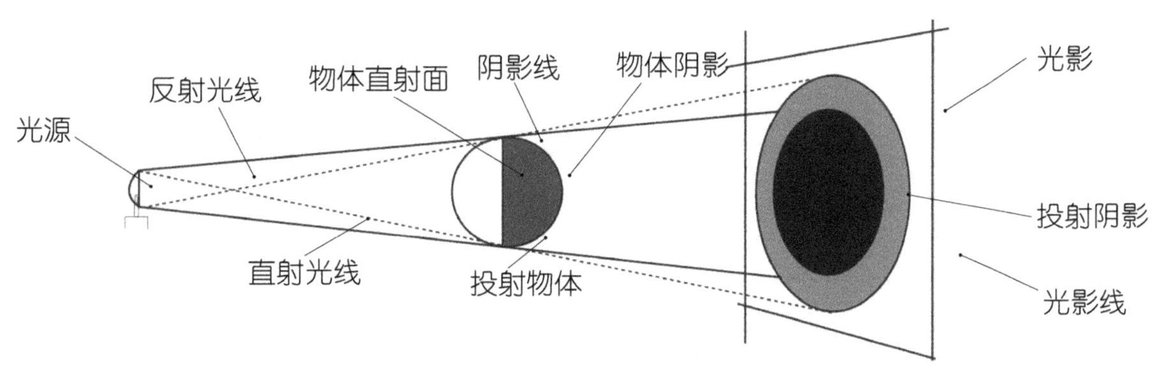

1.9.2 光影的照射路径

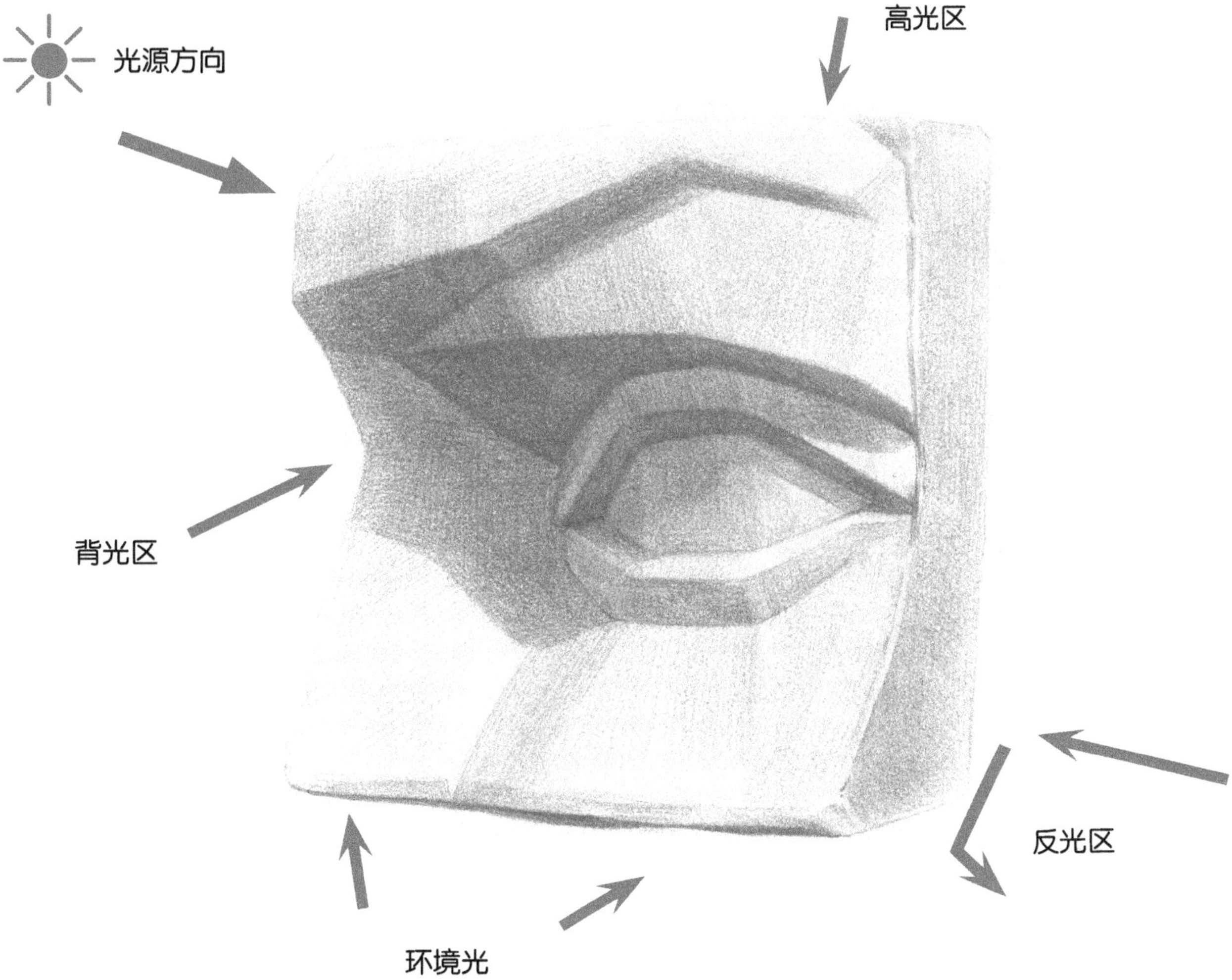

在日常生活中我们不难发现，太阳光和灯光的照射阴影是不同的，在室外和室内的不同环境下，同样的物体会有不同的阴影表现。因此，我们在绘制阴影时还要注意光源的设定。

1.10 素描的绘画步骤

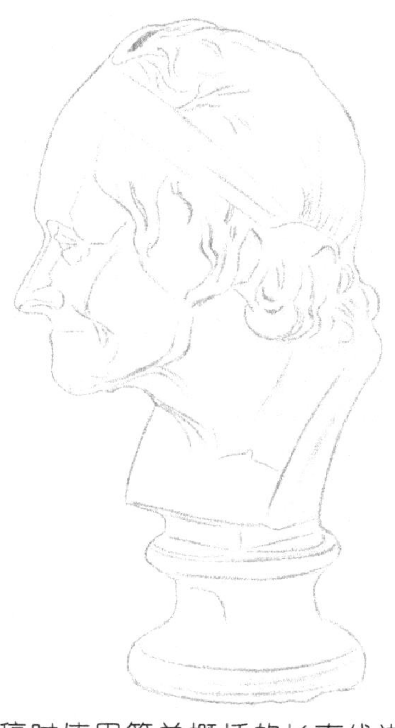

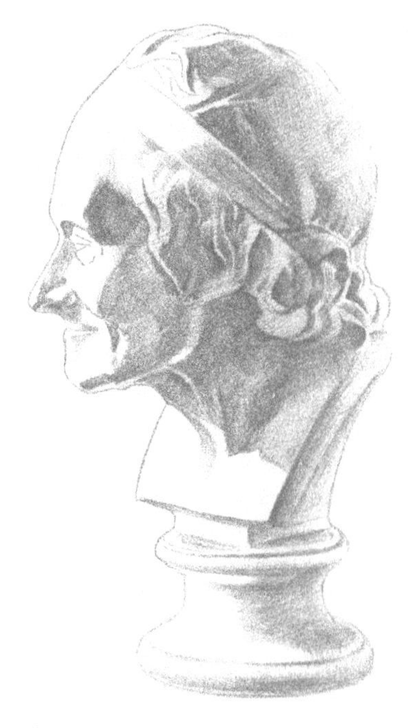

01 起稿时使用简单概括的长直线进行轮廓的勾画，线条交叉处要注意形体转折面的关系。顶面、侧面、前面三个面要刻画清晰。刻画脸部与头部主要的细节轮廓，并要把握准确的骨骼特征。

02 把握光源的照射方向，确定物体的明暗关系，使用铅芯较软的铅笔对其进行整体的排线刻画。额头和脸部处于亮面，颧骨和颈部的明暗交界线要刻画清晰，塑造石膏像的基本形体关系。

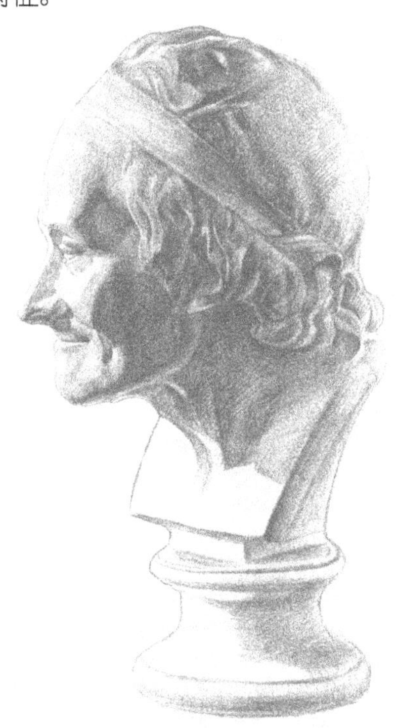

03 对暗部进行加深刻画，结构转折处的色调要加重排线，塑造出形体的体积感。接着对暗部的排线进行整体的统一，增强画面黑、白、灰的对比关系，将色调进行区分。

04 对底座进行细致的刻画，底座上的投影轮廓要考虑到底座的起伏结构变化。完善画面整体色调，随后画出石膏像投影面的排线。注意投影面形状与色调深浅的变化。

第 2 章 石膏五官

石膏五官的刻画，是了解人物头部的解剖结构及形体结构的必修课，可以使初学者在开始绘制人像前，对人物的内在结构关系有清楚的认识。并获得对黑、白、灰关系更进一步的分辨能力和表现能力，同时也起到培养审美能力和提高画面处理能力的作用。

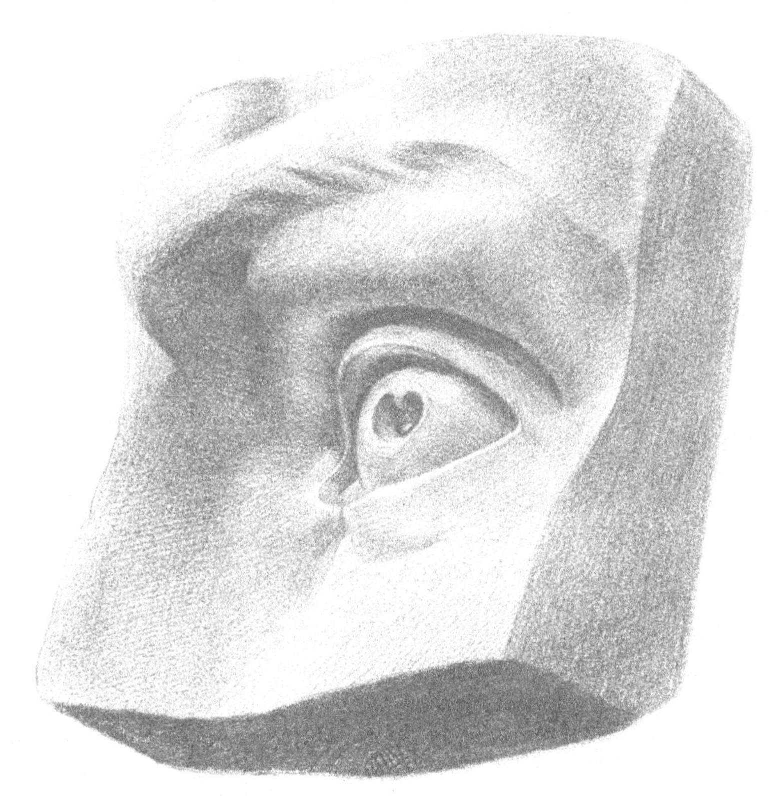

案例解析

　　绘制石膏眼睛时要根据眼睛的形体结构画出准确的结构关系，把握眼睛部位的准确结构比例，上下眼睑的结构关系要准确塑造。眼睛部位的结构穿插较为复杂，绘画时要细致观察光影的照射方向，分清亮面与暗面。

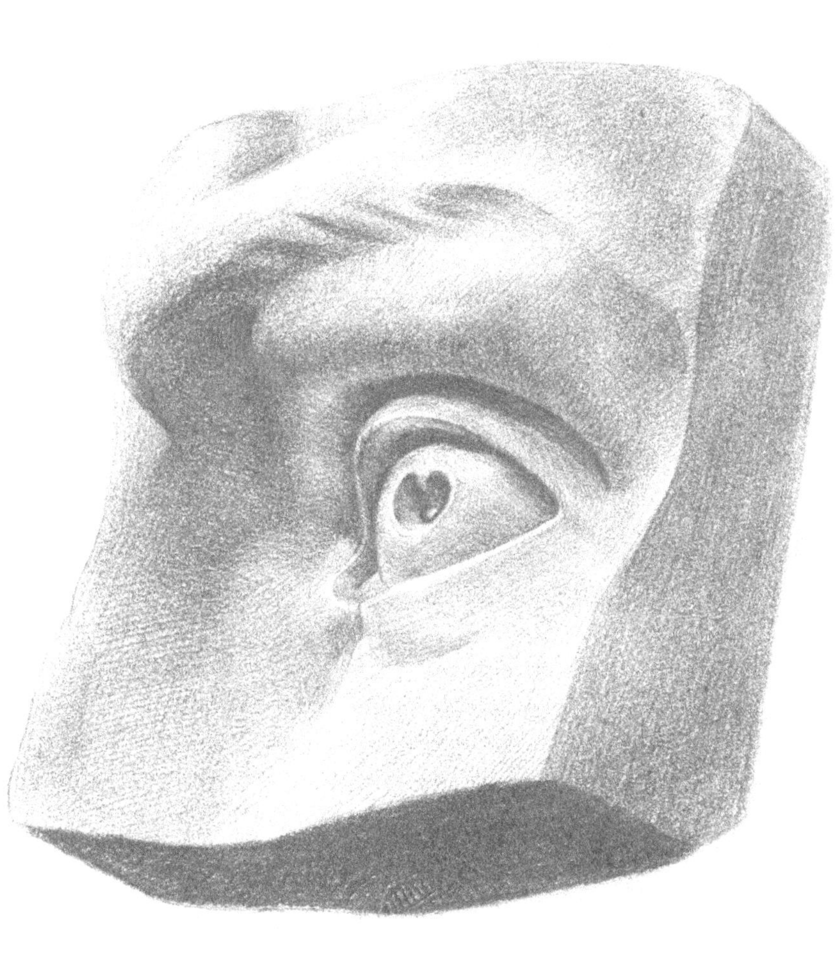

形体结构分析

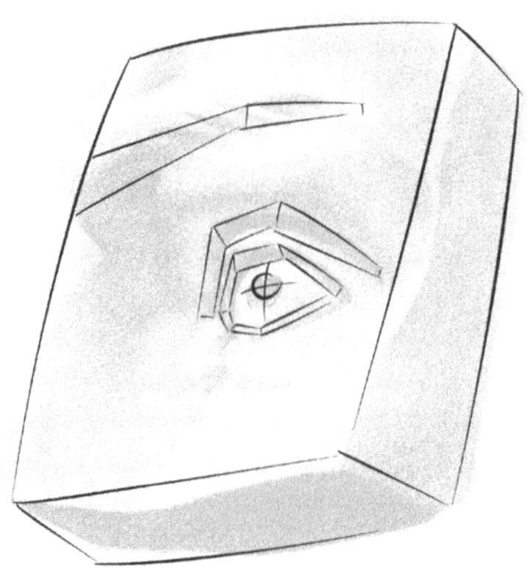

明暗关系分析

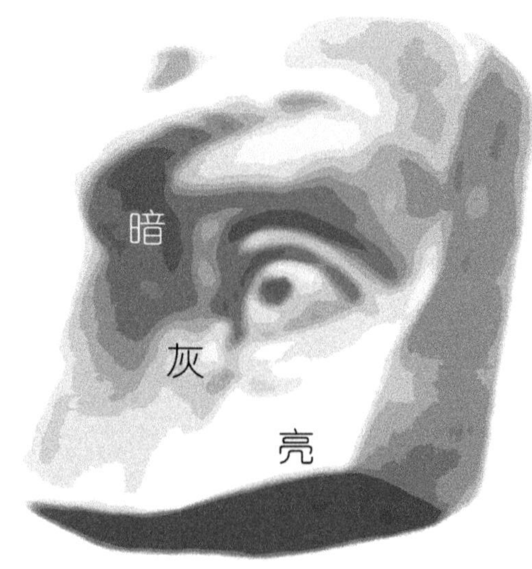

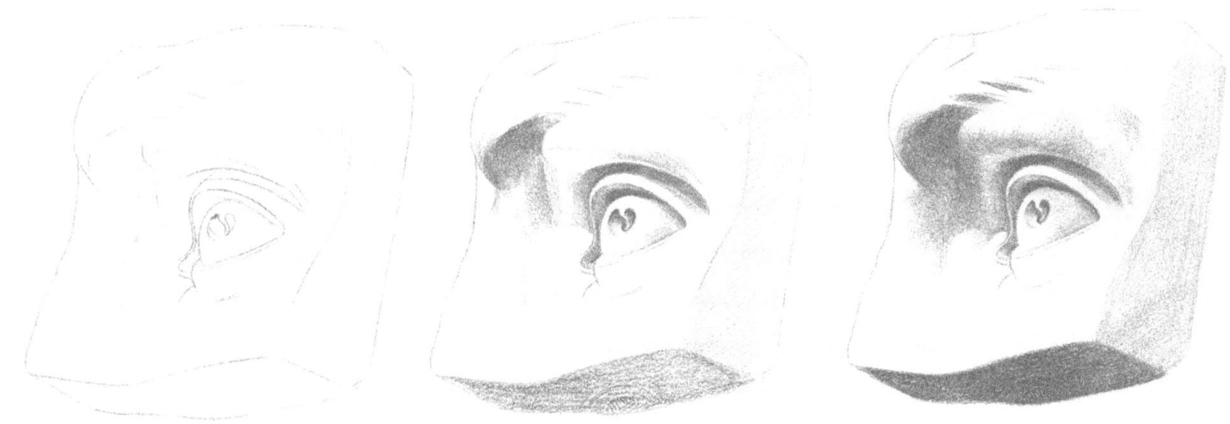

01 先细致观察眼睛的形体轮廓，然后用长直线进行概括绘制。注意内眼角要低于外眼角的高度。

02 从物体的暗部区域开始刻画，把握好光源的照射方向。注意投影面也要同时进行绘制。

03 继续刻画暗面的调子，使用铅芯较软的铅笔对暗部的块面进行整体的铺设。

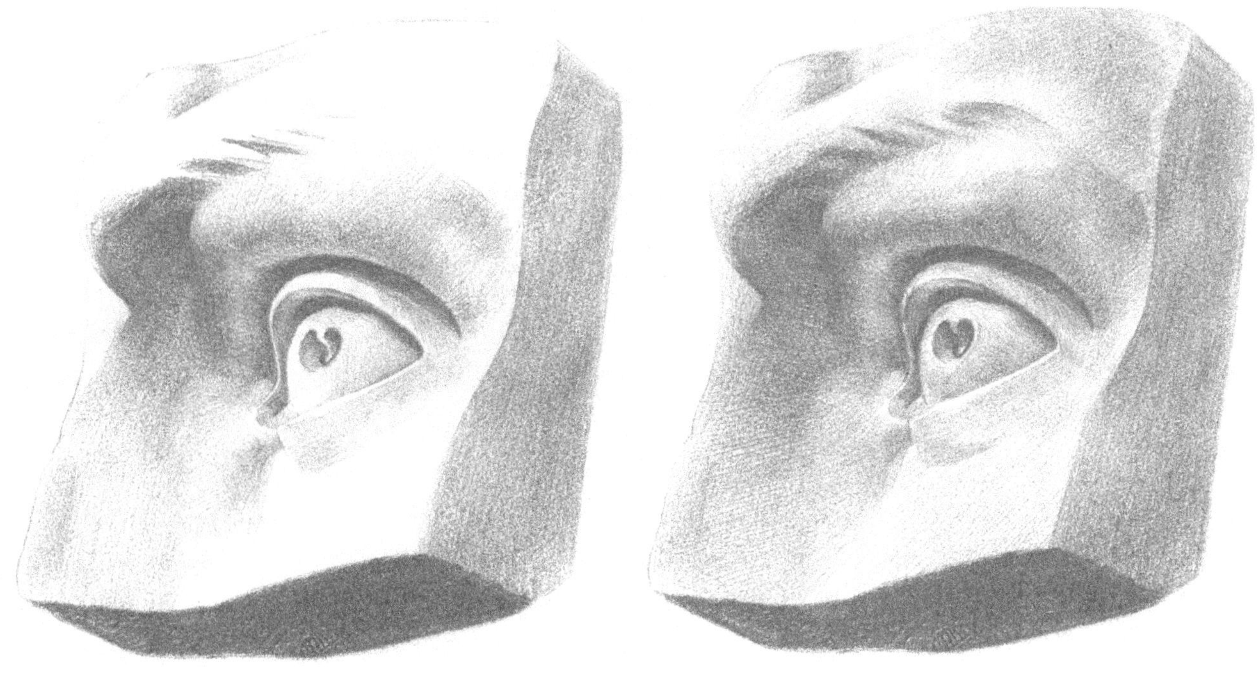

04 使用纸笔对暗部的色调进行整体的统一，加强转折面的刻画，突出立体感。

05 刻画出眼睛整体的亮暗色调，拉开画面黑、白、灰的对比关系。细致刻画灰面的排线，线条要依据眼睛的生长形态进行排线。

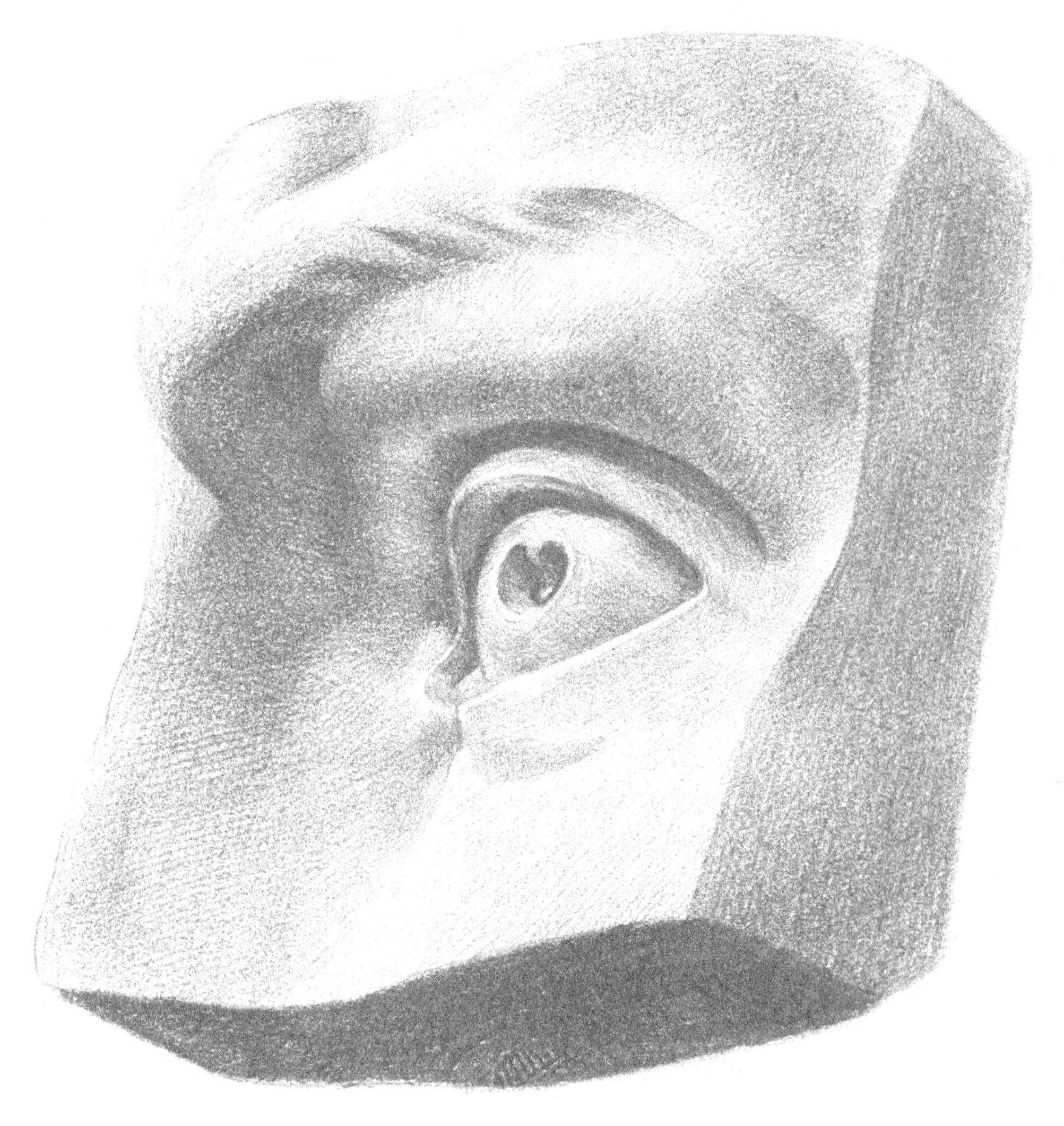

06 根据眼睛的转折结构变化，加强固有色的排线绘制，处理灰面时要注意其与亮面和暗面的过渡要自然柔和，加强石膏体积感的塑造。

案例解析

　　想要画好石膏鼻子，首先要准确地分析出鼻子的结构块面，注意把握形体结构的准确比例。鼻骨、鼻背、鼻翼与鼻底之间的转折结构要准确地塑造。

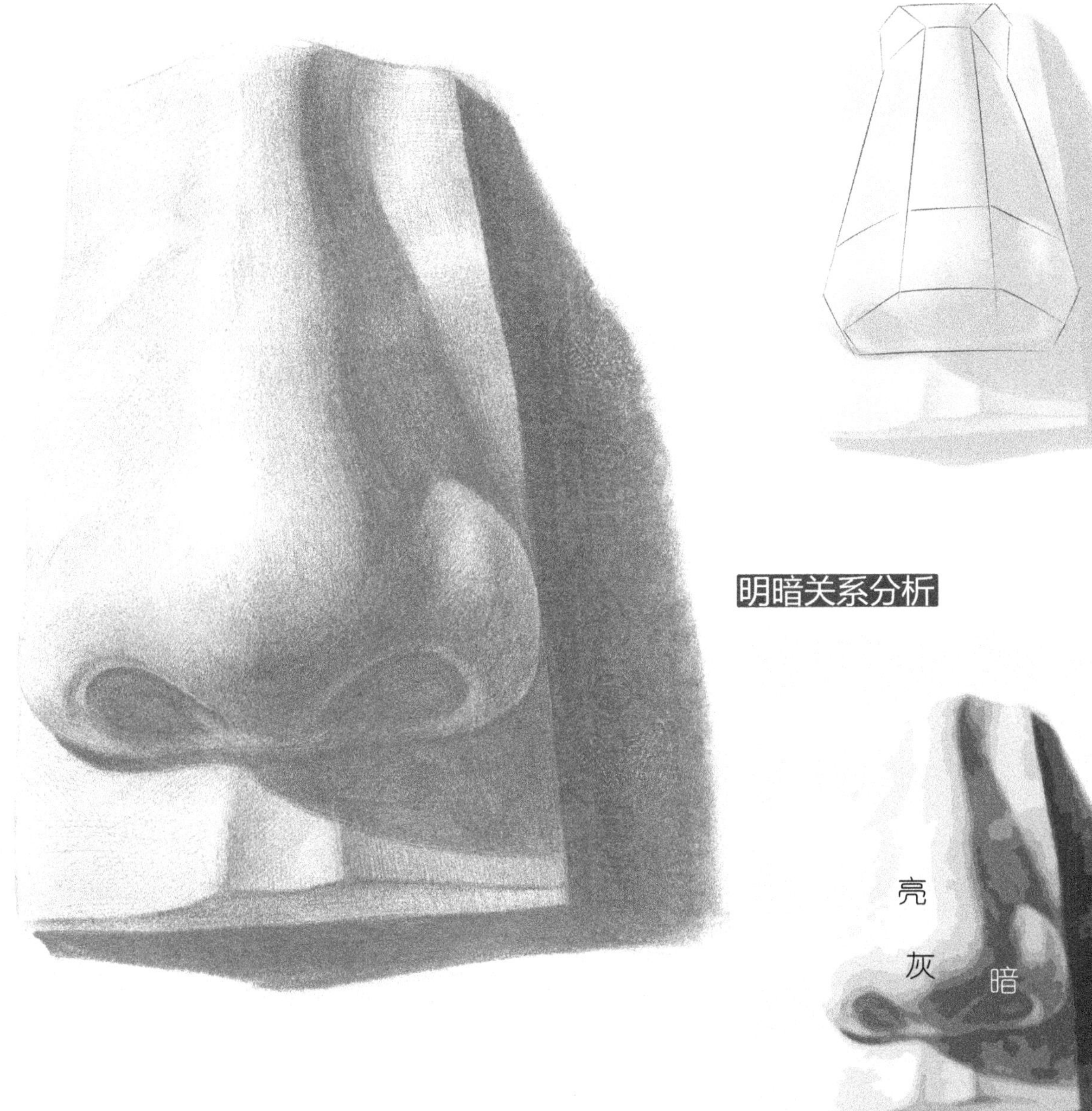

形体结构分析

明暗关系分析

 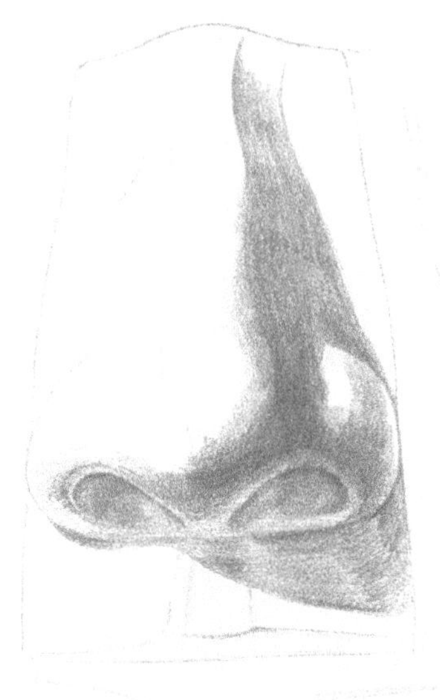 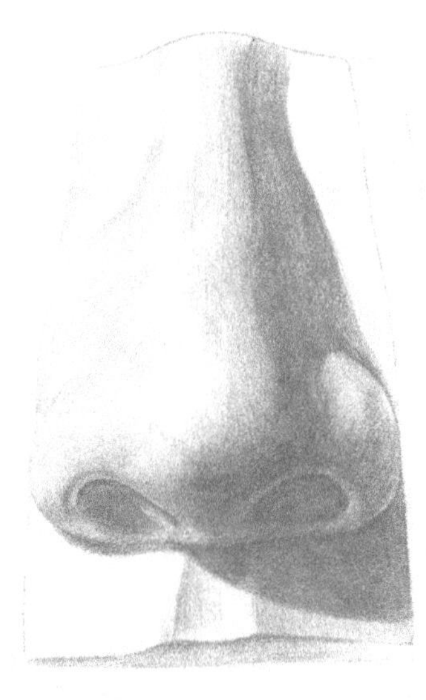

01 根据石膏鼻子的形体结构，概括地画出它的形体轮廓。鼻子左右对称的形体要刻画准确。注意把握结构线条的走向变化。

02 对石膏鼻子的暗部区域进行排线塑造，表现出明暗的对比变化。

03 对石膏鼻子的暗部区域进行排线绘制，沿鼻骨的轮廓线位置向下过渡排线，以表现出鼻翼的斜面结构。

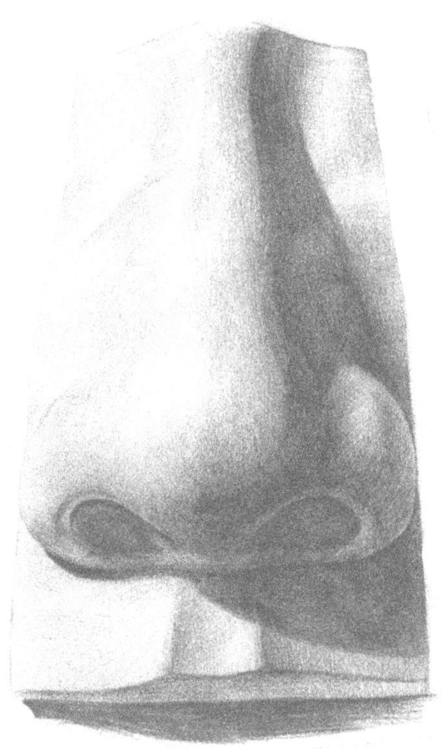 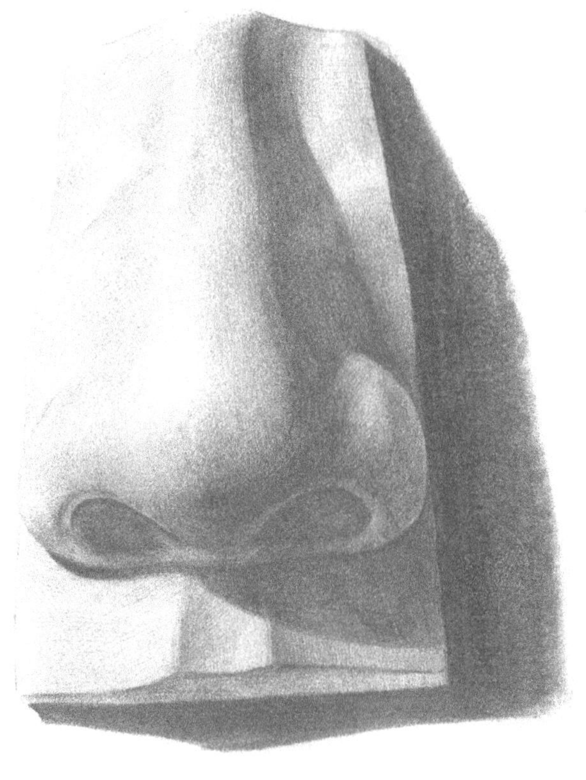

04 深入细致地刻画灰面的调子，注意暗部与亮部色调的自然过渡。线条要依据形体结构进行有变化的排列。

05 进一步加深暗部的色调刻画，区分明暗交界线、反光和投影三者的关系，拉开画面黑、白、灰的对比关系。

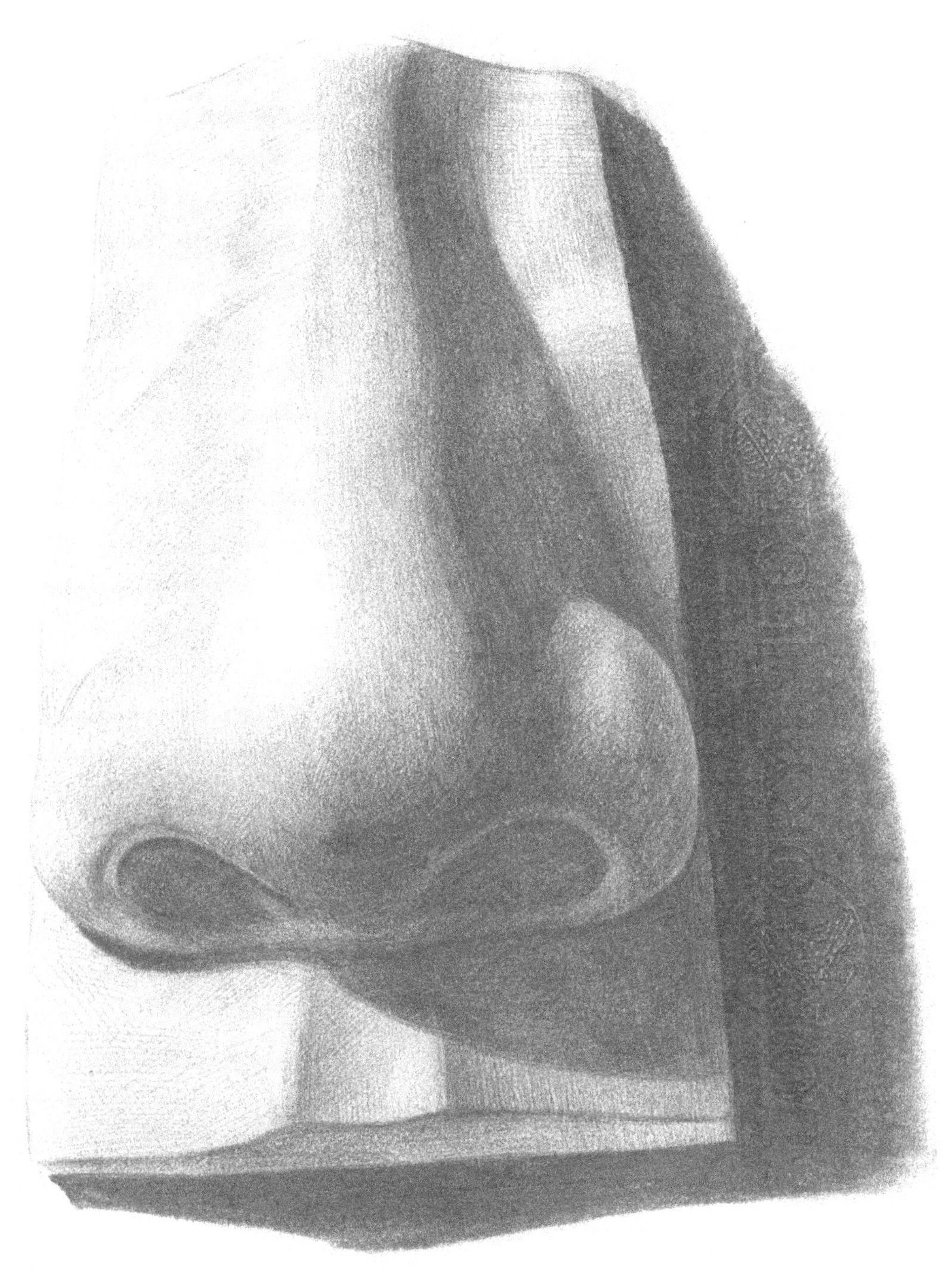

06 对石膏鼻子的整体明暗关系进行塑造，准确地
表现出石膏的体积感，并且加强石膏坚硬质感
的塑造。

2.3 嘴巴

　　对石膏嘴巴的绘制要准确把握嘴巴的比例结构，
嘴角位置的线条要注意准确塑造出结构的穿插关系。
注意把握好正确的透视关系。

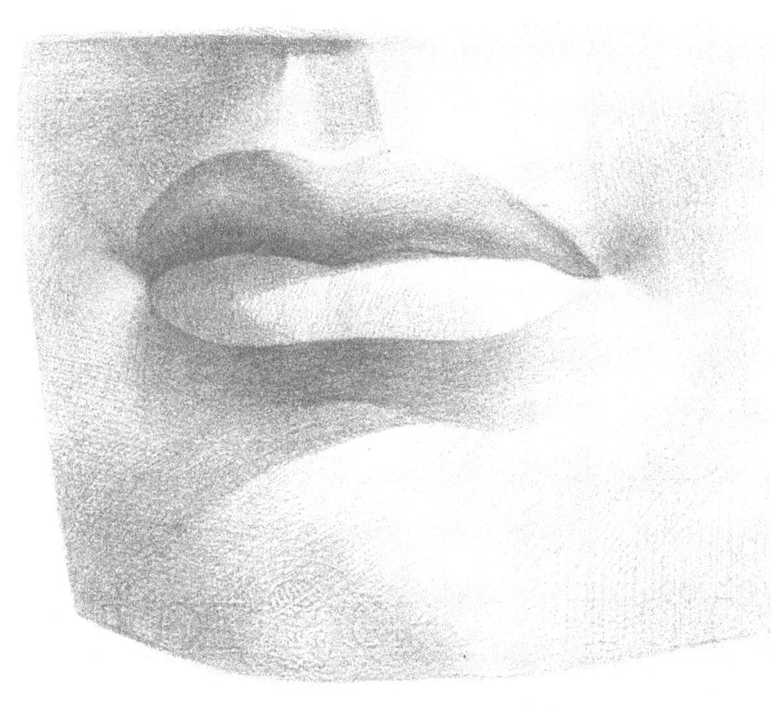

形体结构分析

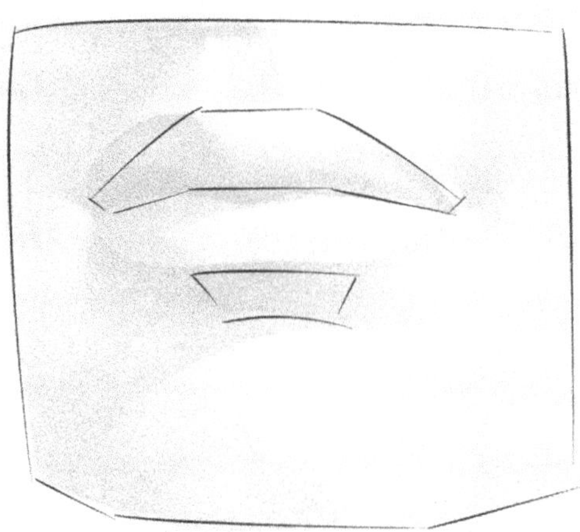

明暗关系分析

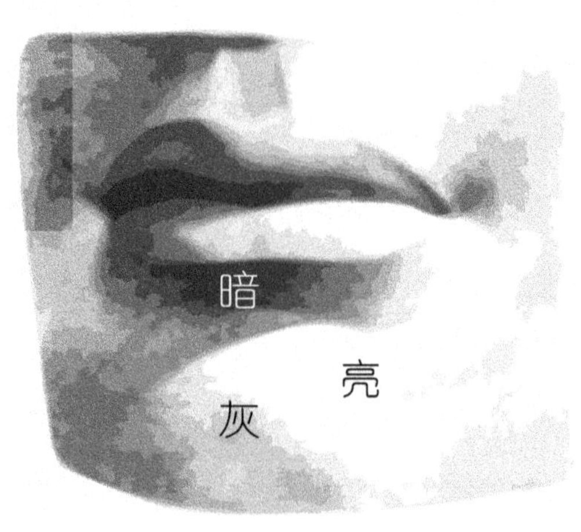

01 确定石膏嘴巴在画面中的构图，使用简单的长直线进行轮廓线的刻画。注意形体近大远小的透视关系。

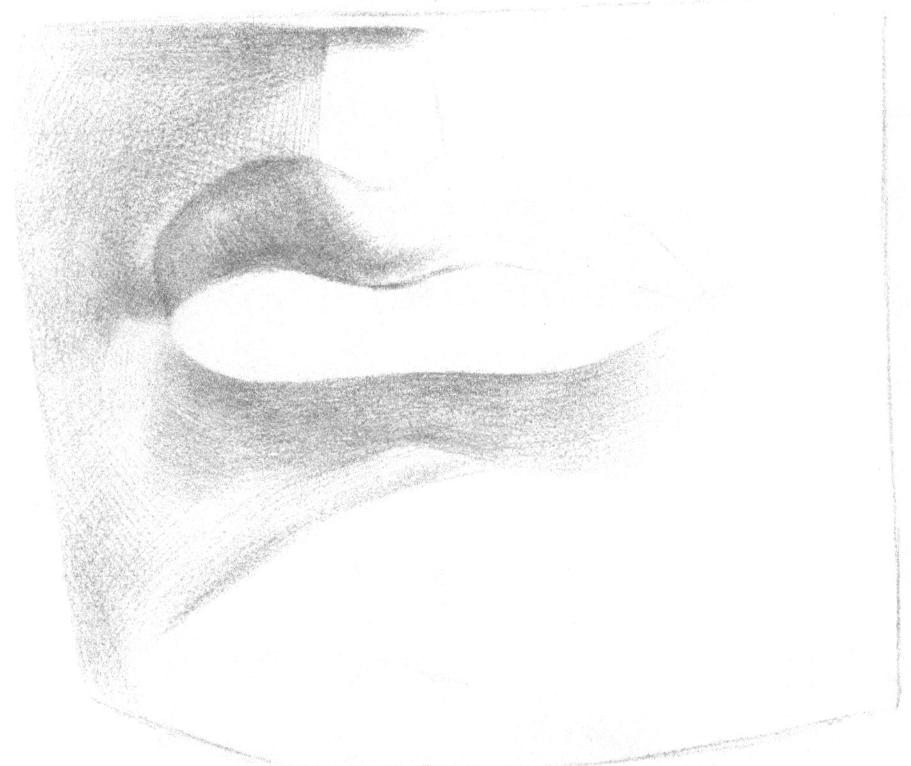

02 把握好光源的照射方向，分出暗面与亮面，从暗部区域开始进行绘制。注意暗部色调的深浅变化。

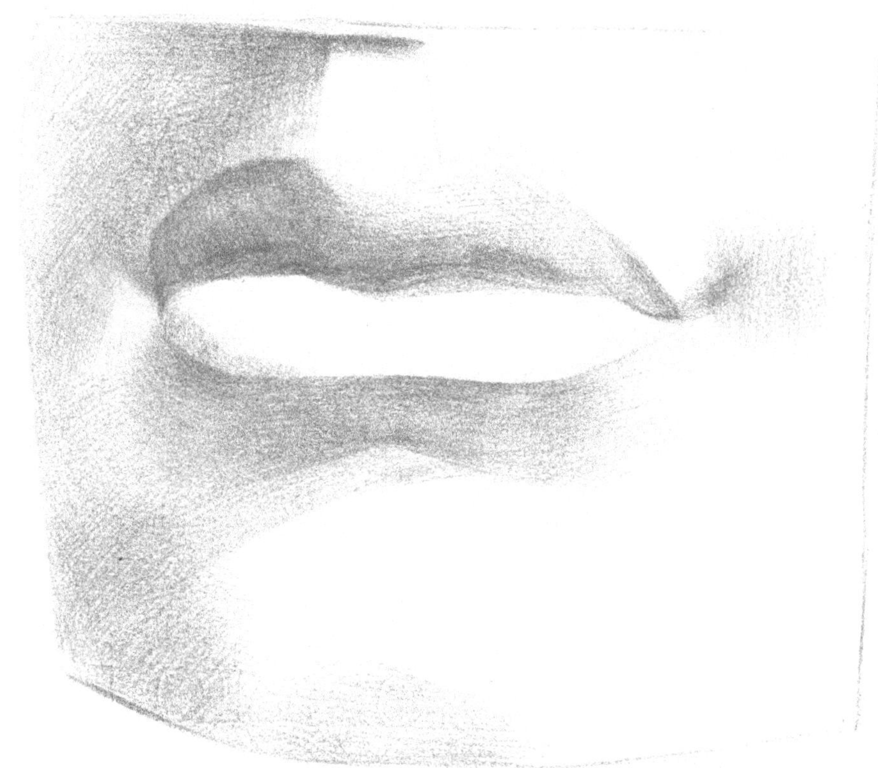

03 画出石膏嘴巴侧面的细节结构，注意形体透视的变化，使用短而密集的线条进行刻画。

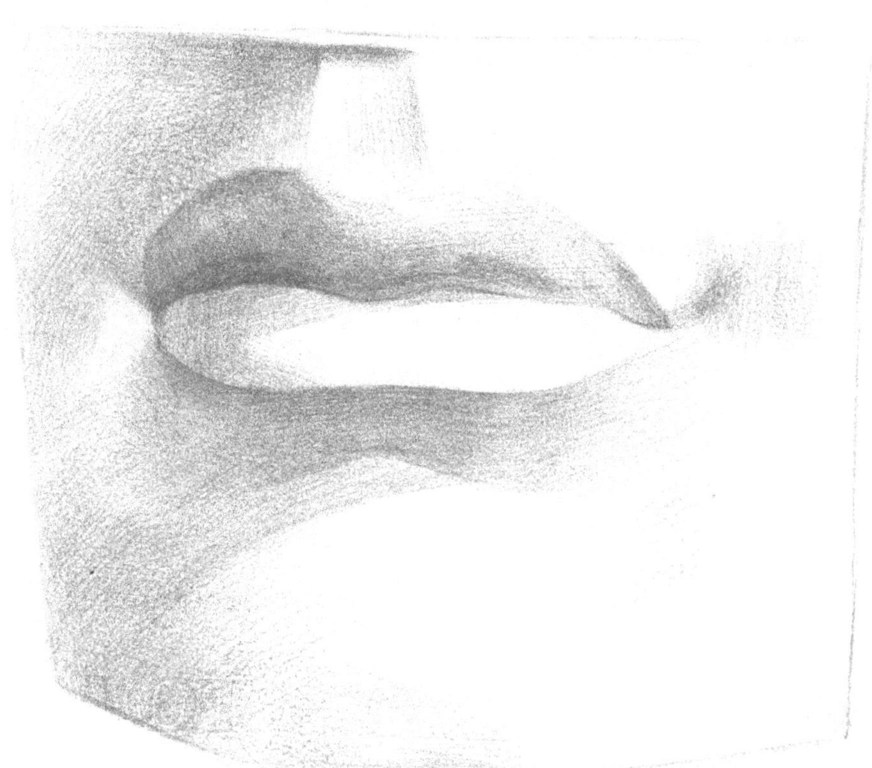

04 绘制上唇上方的人中位置时要加重暗部斜面的调子，塑造出人中亮暗面的色调变化。

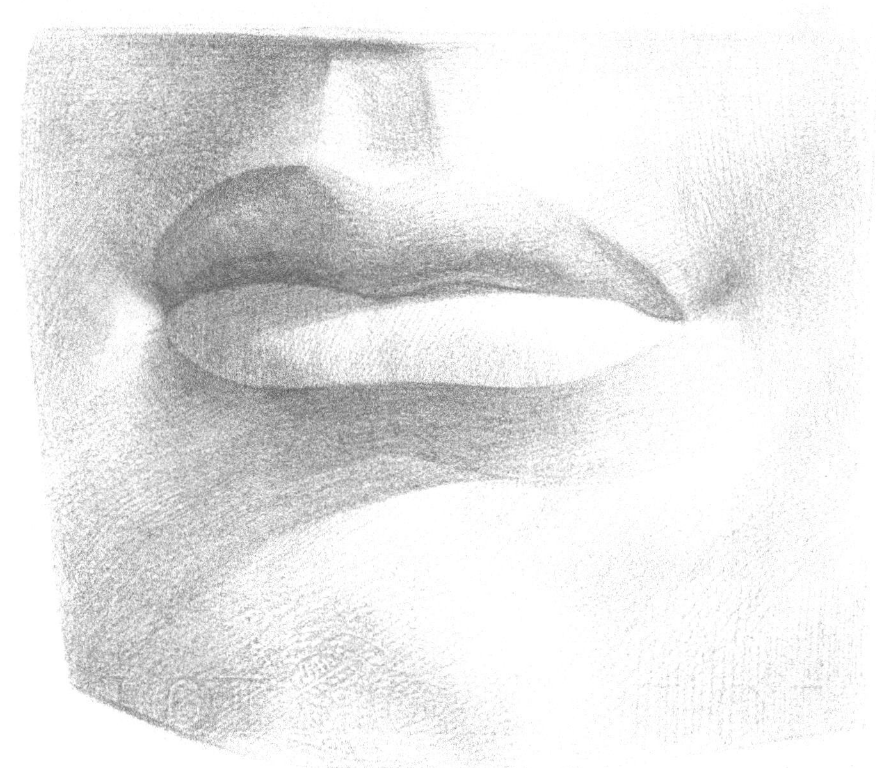

05 塑造嘴巴的体积感。对上、下唇区域进行排线塑造，由于受光源的影响，上唇的调子要重于下唇，绘制时要注意。

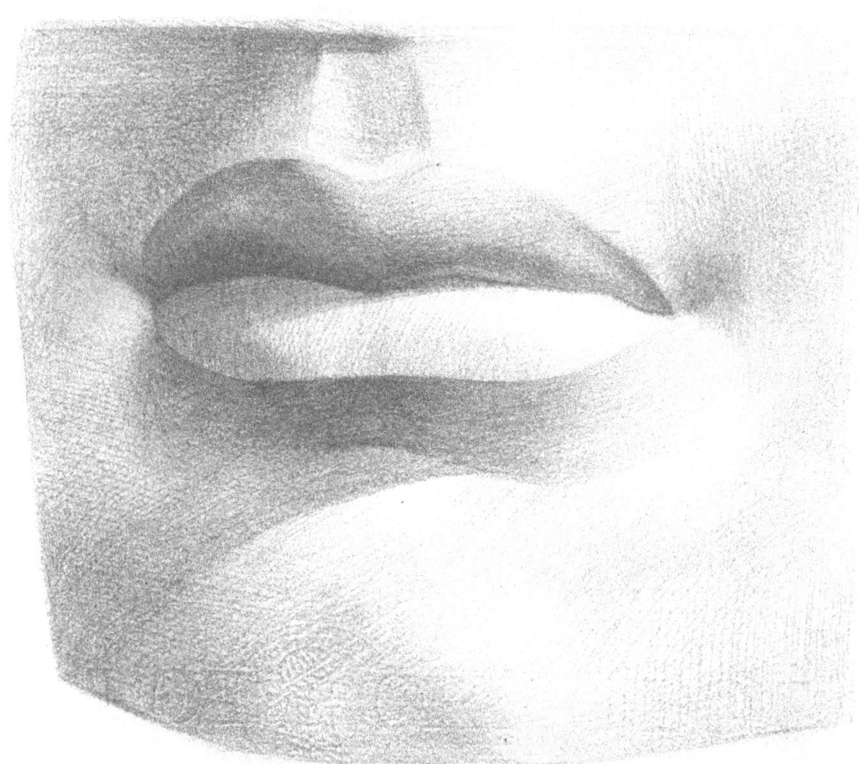

06 对下唇下方的暗部区域进行加深，暗部的色调也要绘制出深浅变化，以便塑造出体积感。

2.4 耳朵（一）

　　绘制石膏耳朵时，首先要准确把握石膏耳朵的比例结构，准确地勾画出耳朵的结构穿插关系。耳朵的结构较为复杂，起伏多变，多是软骨。线条的刻画要柔和，转折处的排线要细腻。

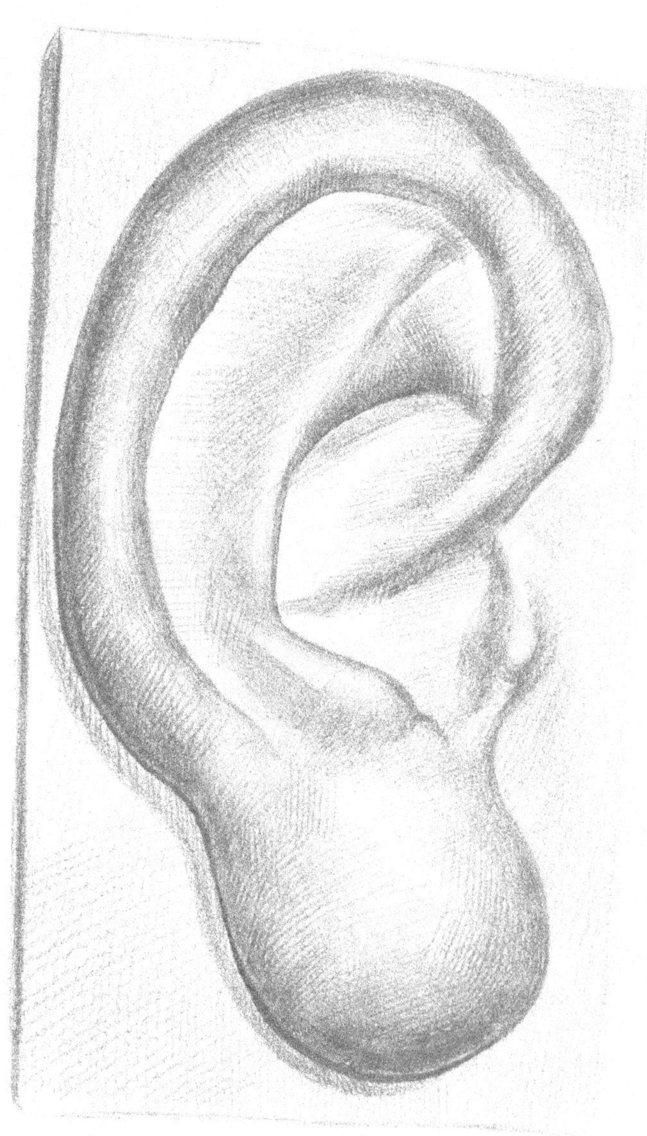

形体结构分析

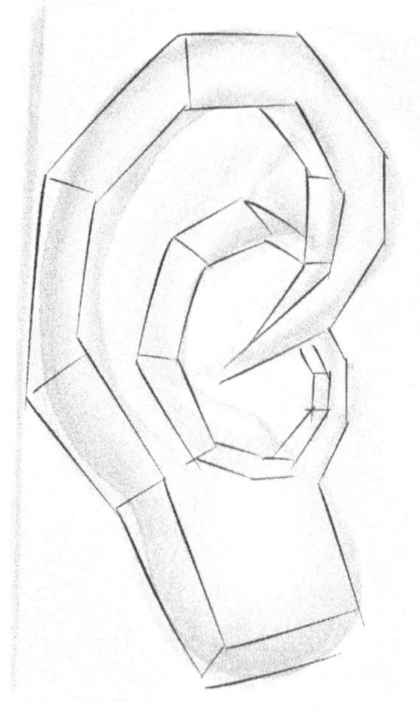

明暗关系分析

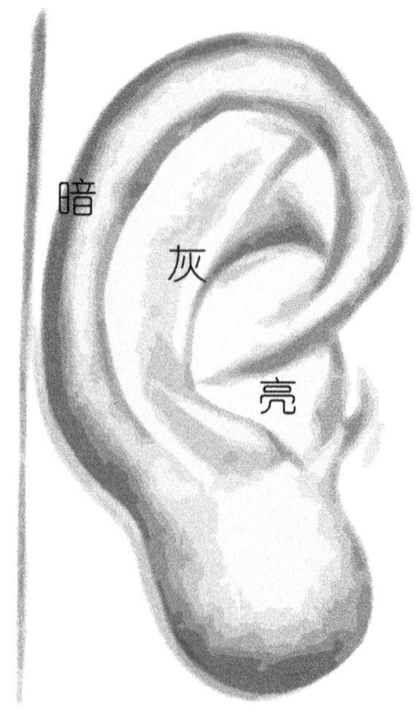

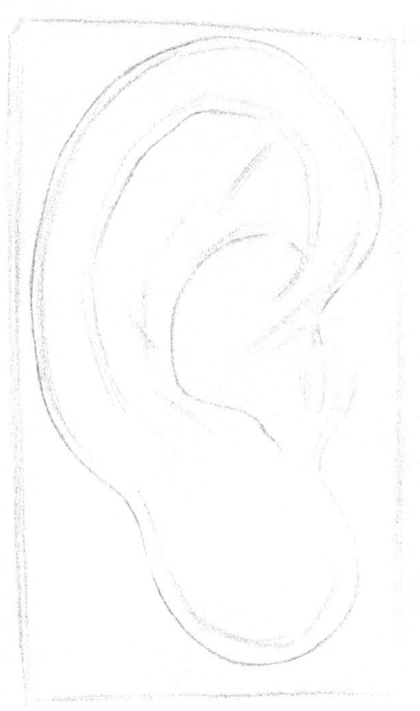

01 观察石膏耳朵的结构造型，画出石膏耳朵的轮廓结构。注意内外轮廓的线条变化与转折。

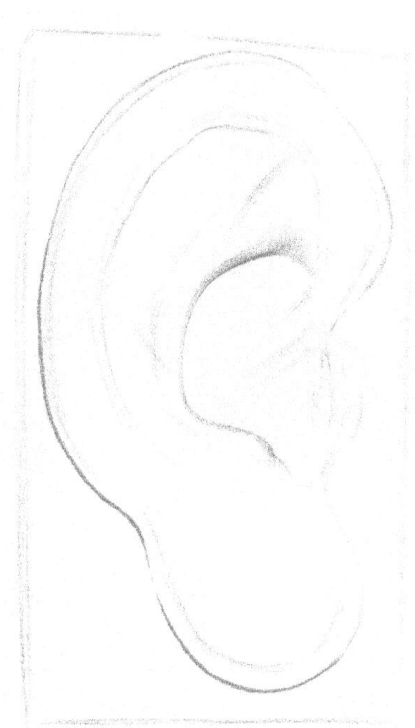

02 继续完善轮廓线的绘制，加重结构转折处的线条。

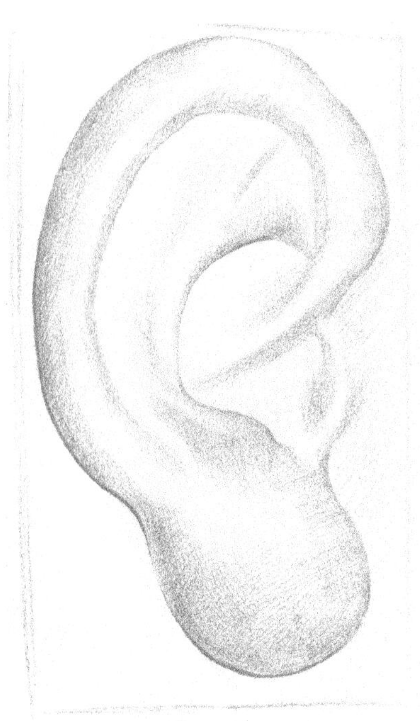

03 分析耳朵整体的亮暗，对暗部区域进行排线塑造，暗部区域的调子要统一。

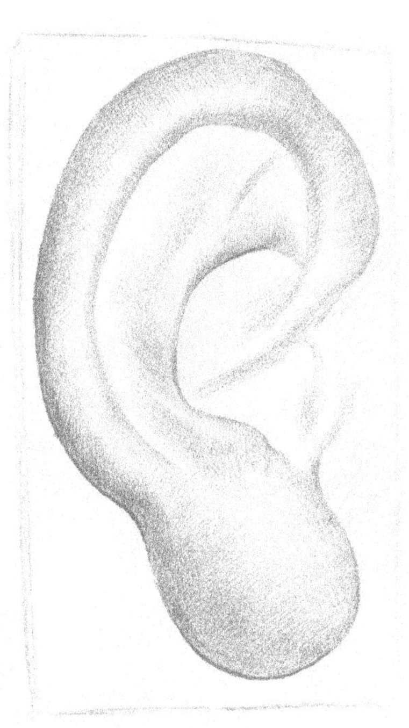

04 加强暗部色调的刻画，突出耳朵立体感的塑造，画出耳朵的厚度与质感。

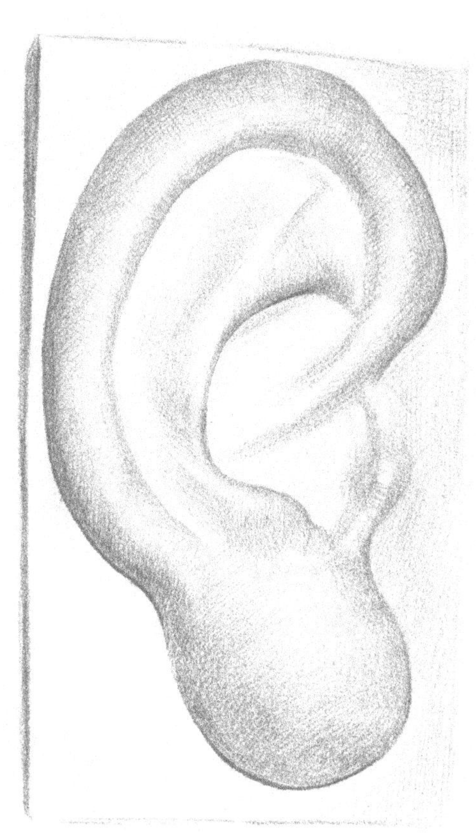

05 进一步加深暗部色调，完善形体整体色调的铺设，注意排线方向要与形体结构保持一致。

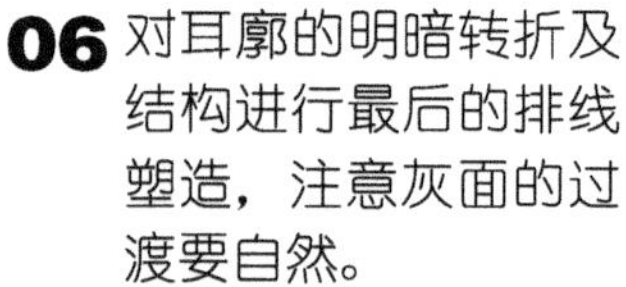
06 对耳廓的明暗转折及结构进行最后的排线塑造，注意灰面的过渡要自然。

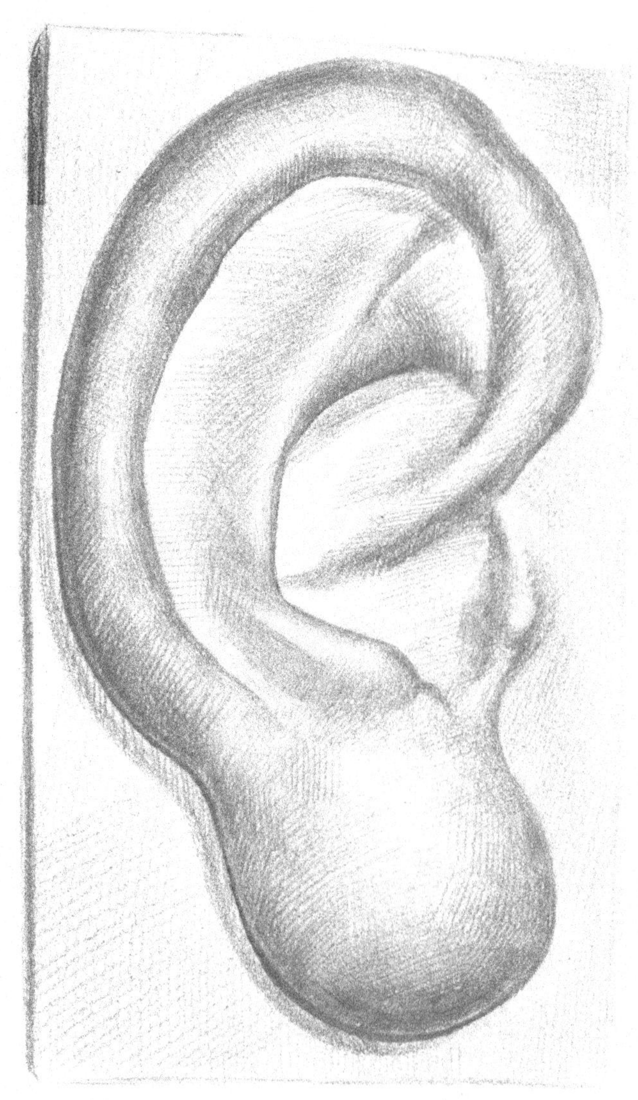

　　刻画石膏耳朵时不仅要注意石膏坚硬质感的塑造，还要整体把握耳朵亮暗关系的塑造，加强石膏体积感的表现。

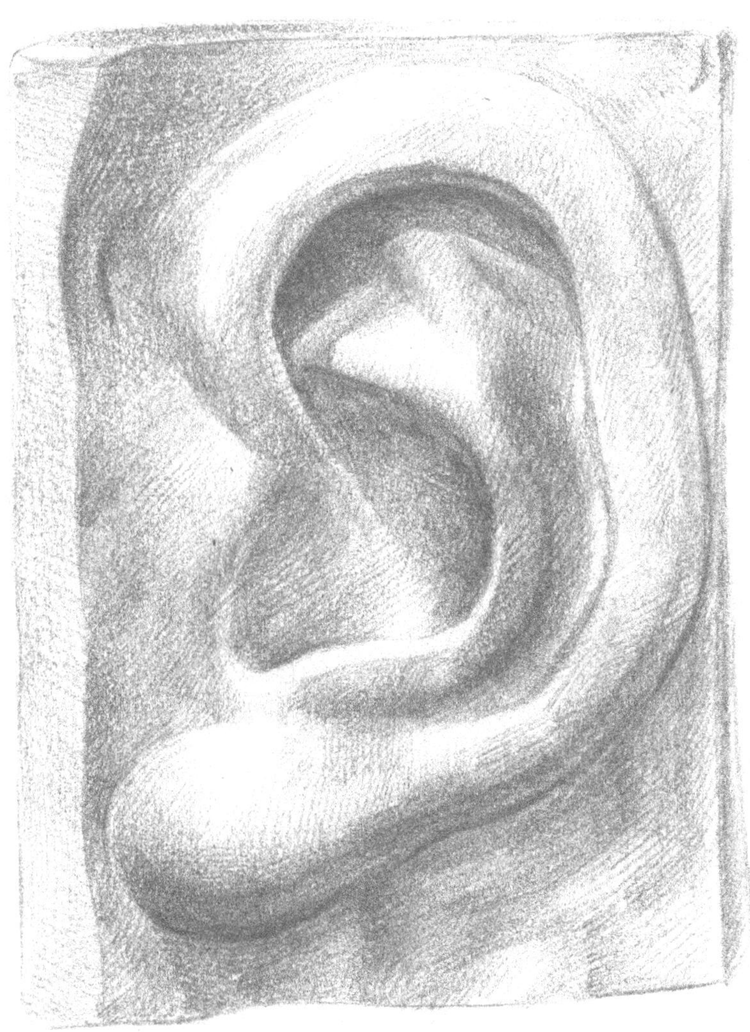

形体结构分析

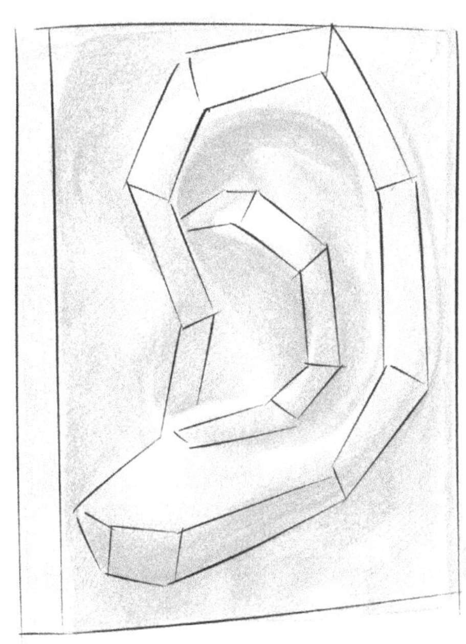

明暗关系分析

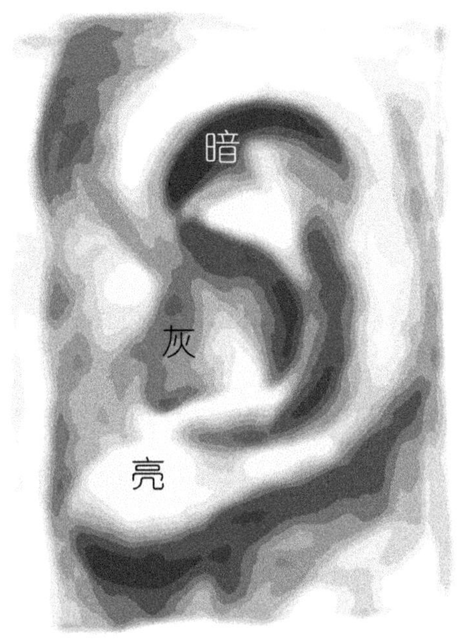

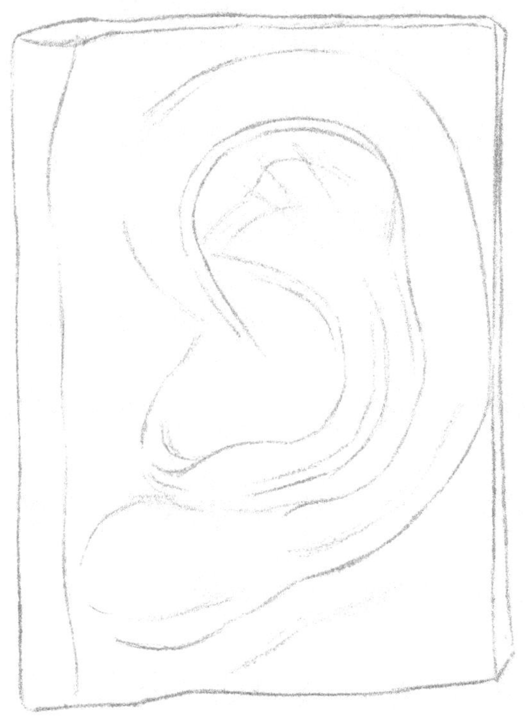

01 把握好石膏耳朵的整体比例，安排好画面的构图，简单概括地画出整体轮廓线。

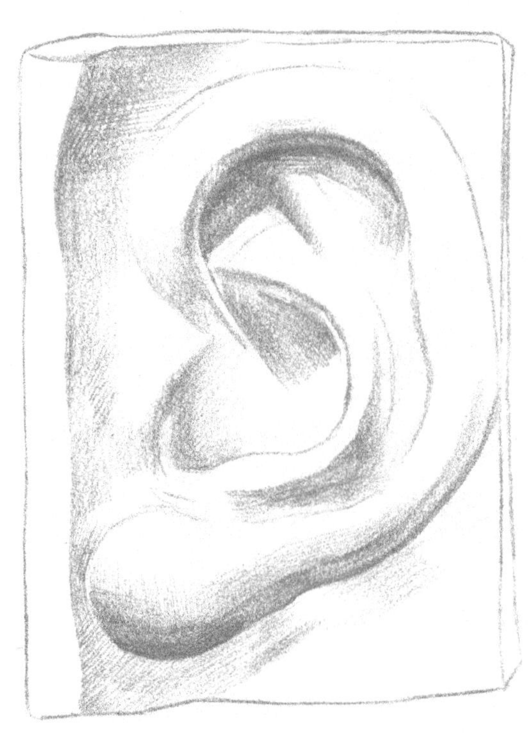

02 先依据光源的方向，分出亮面与暗面，然后为暗部铺第一层调子。

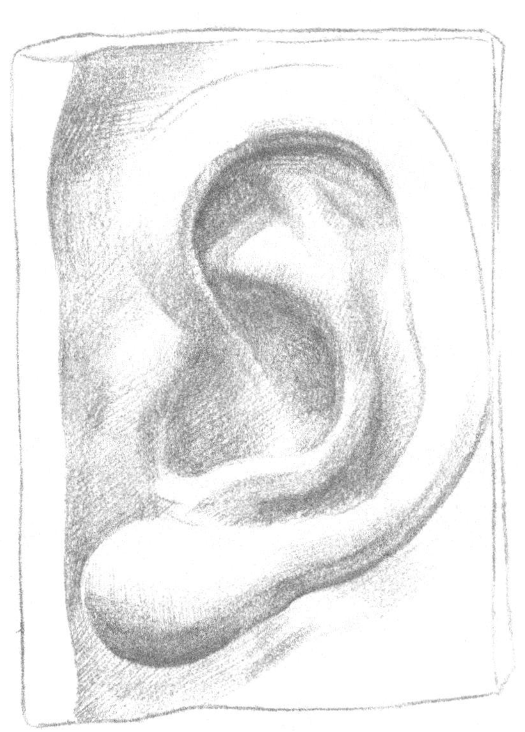

03 完善暗部的刻画，加重转折处的形体塑造，增强耳朵结构的体积感。

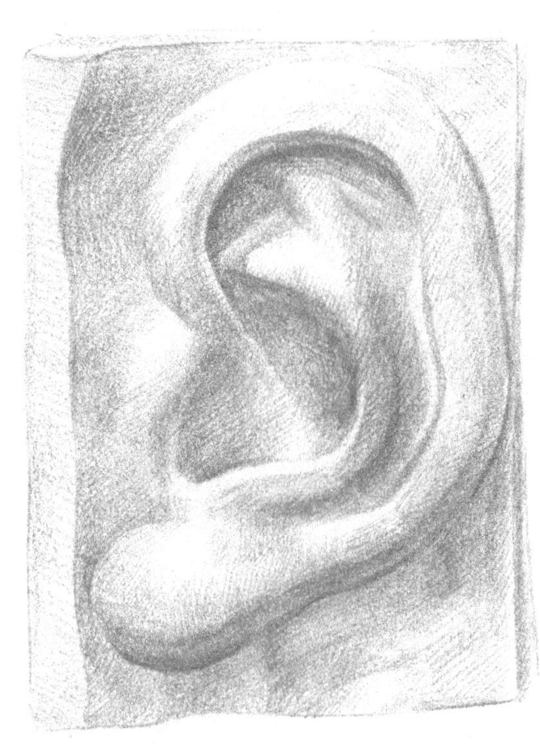

04 加强灰面色调的刻画，灰部与暗部的转折位置要划分清晰。

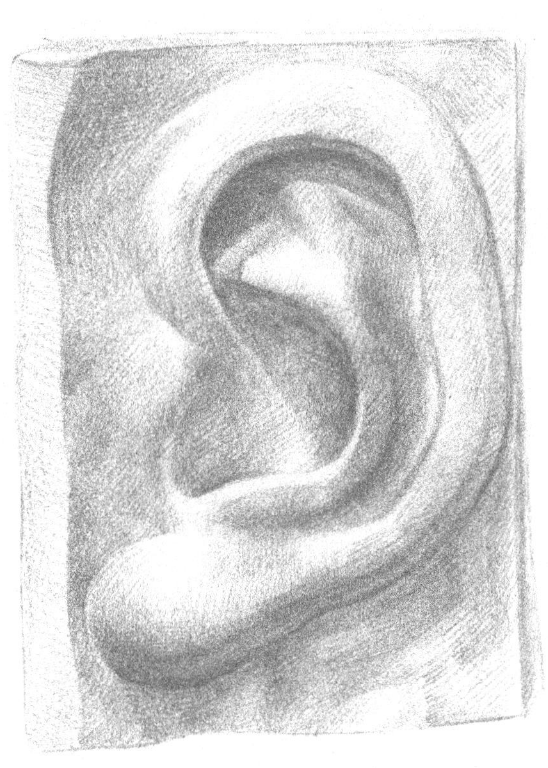

05 暗部区域排线要加重面与面
的转折调子，增强转折的对
比，表现出石膏的体积感，
同时也要要注意这一区域的
反光表现。

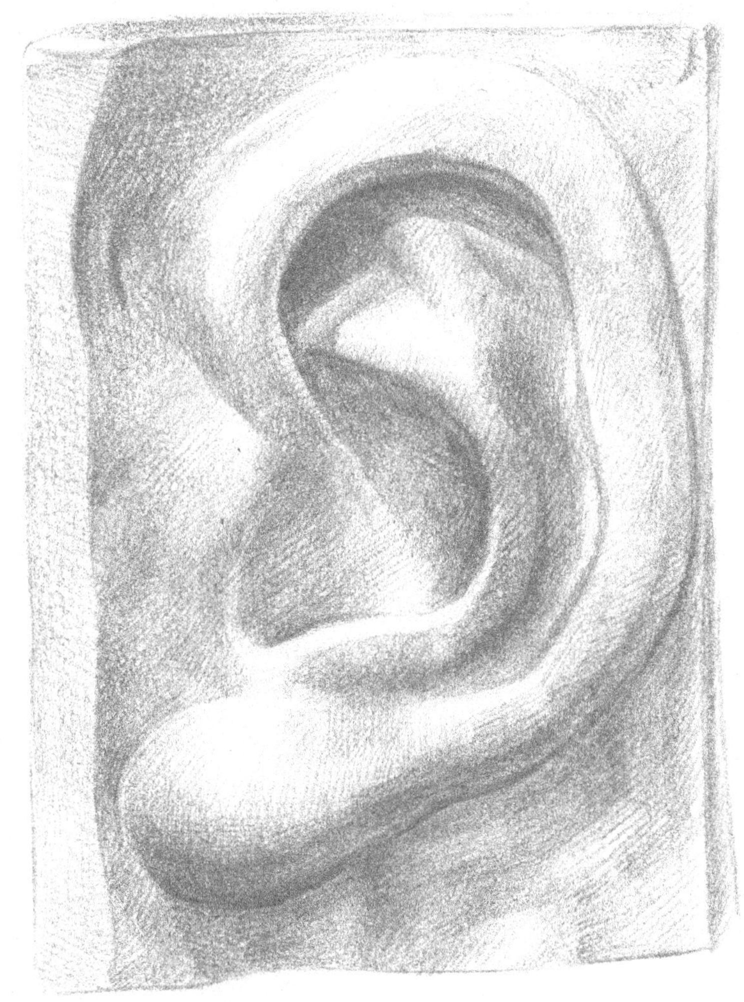

06 对耳朵整体的亮、灰、暗三
者之间的关系进行调整，增
强三者之间的对比，完善形
体的刻画。

第 3 章 石膏人像

石膏人像的刻画，要注意人像五官与形体结构的绘制。通过石膏人像的练习进一步提高对形体的表现能力，同时加深对头像结构的理解，为画好人物头像做充分的准备。

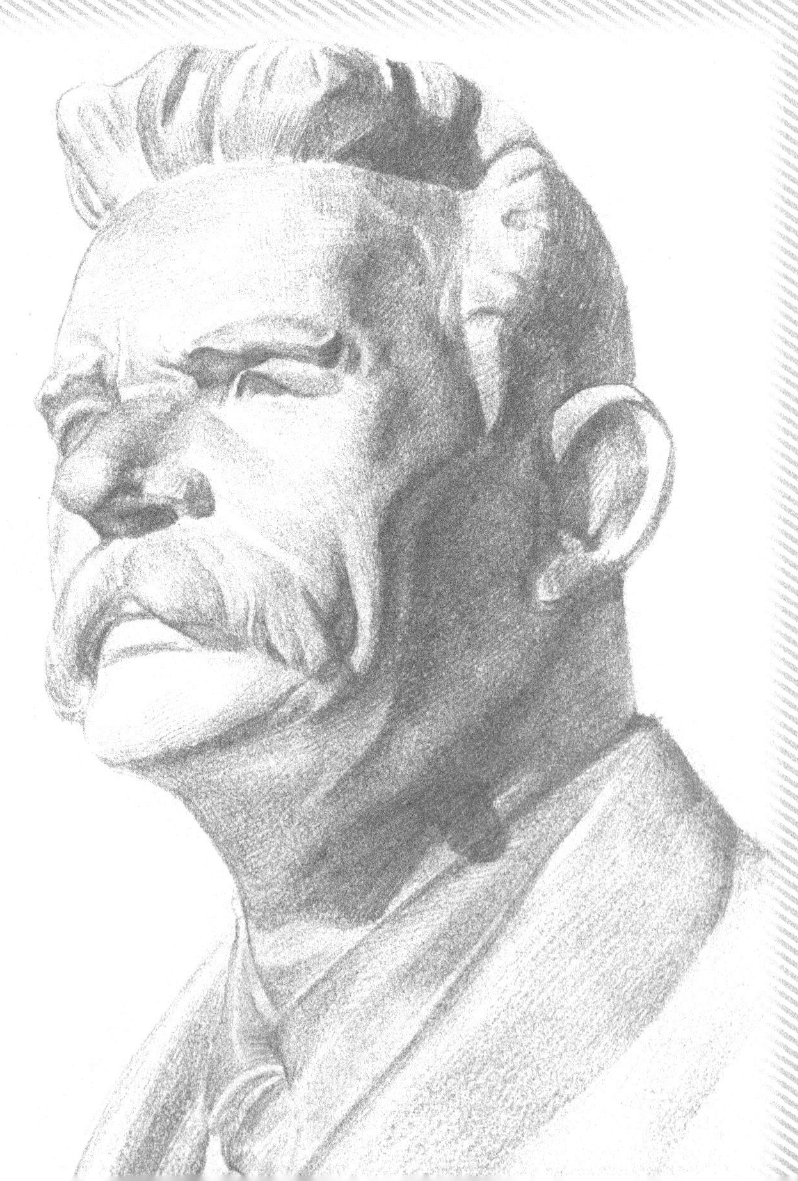

案例解析

　　绘制罗马青年时要观察石膏像的透视，准确把握好整体的比例关系。注意石膏头像与底座的连接关系，绘制细节时要注意石膏质感的表现，加强亮、灰、暗面的区分，注意暗部区域反光的表现。

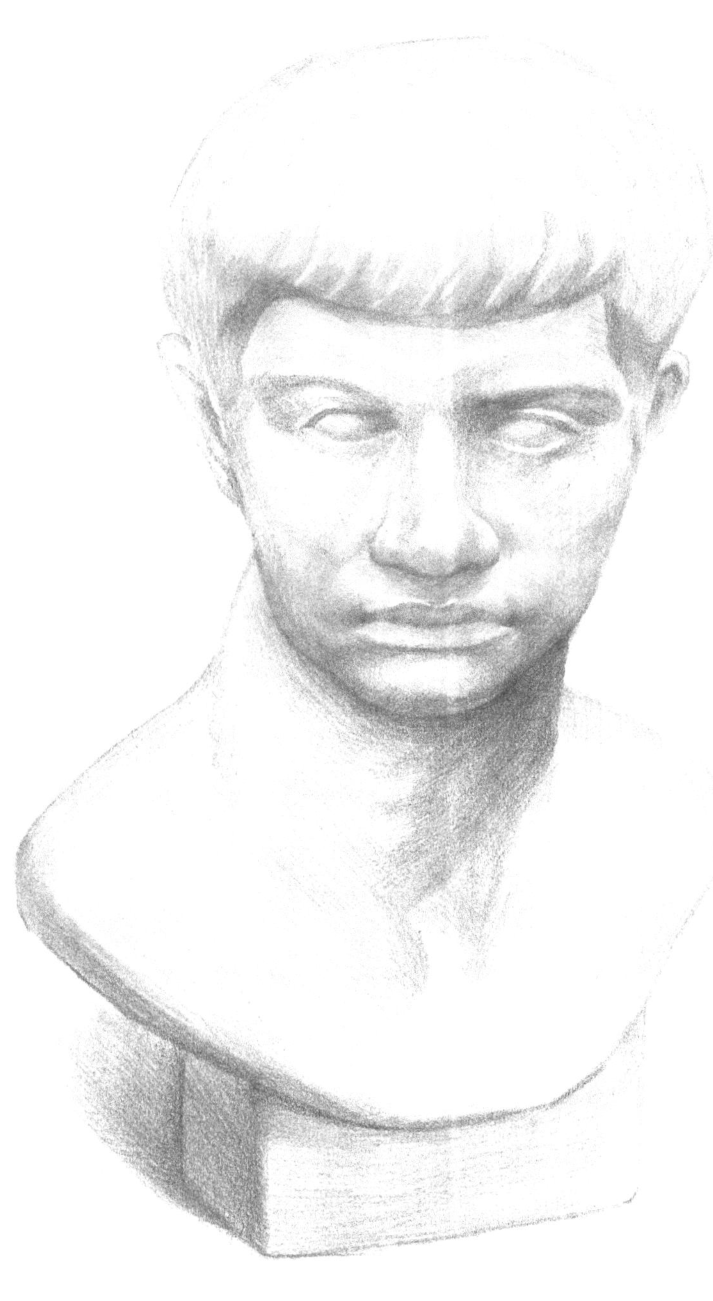

形体结构分析

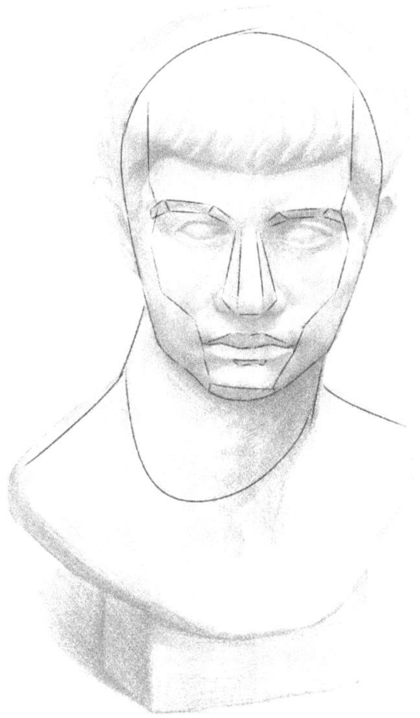

明暗关系分析

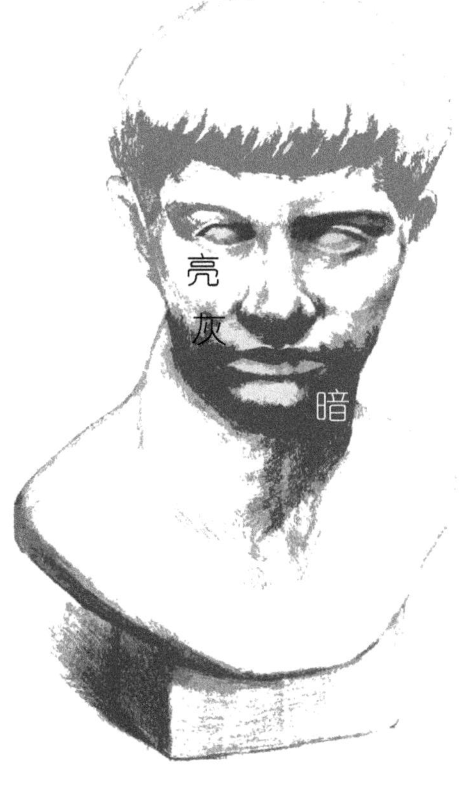

01 在绘制罗马青年的石膏像时，要准确测量出头部与胸部两者的比例，颈部与肩部的穿插关系要准确。

02 继续向下勾画出石膏像的底座，底座的绘制要准确把握方形物体的近大远小的透视关系。

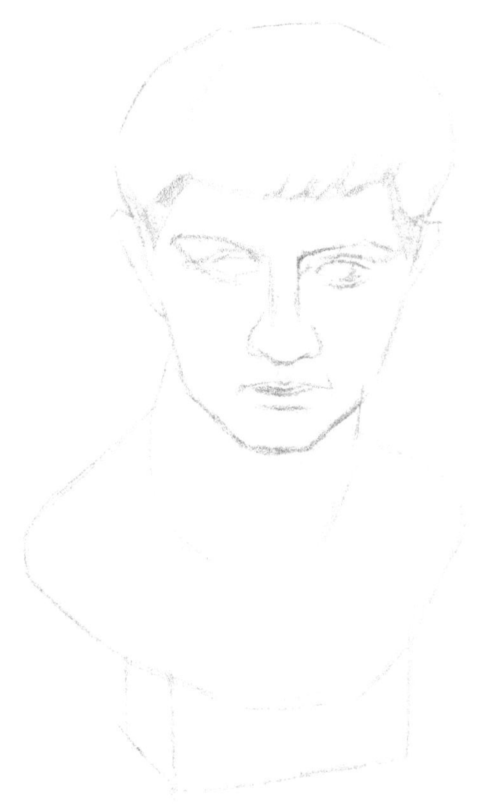

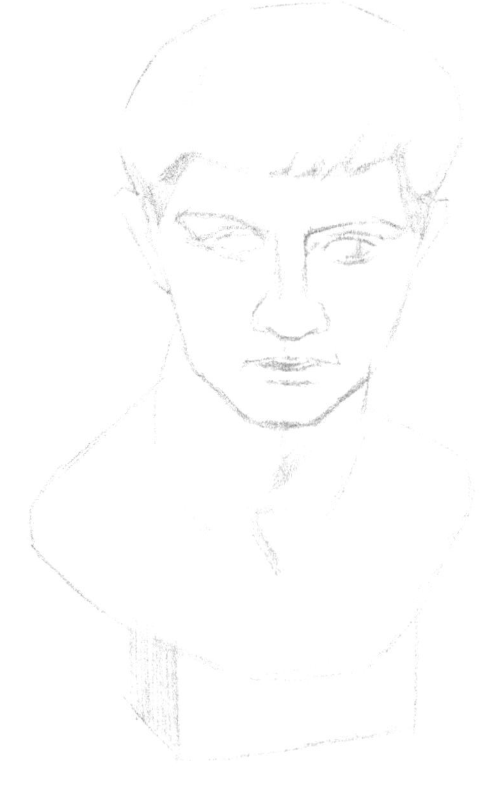

03 对石膏像的头部轮廓线条进行加重描绘，刻画出准确的轮廓线条，对石膏像头发的厚度进行排线，画出头发的简单走向。

04 塑造眼窝的深度，同时绘制出底座的暗面调子。调子的绘制方向要与石膏体的结构方向保持一致。

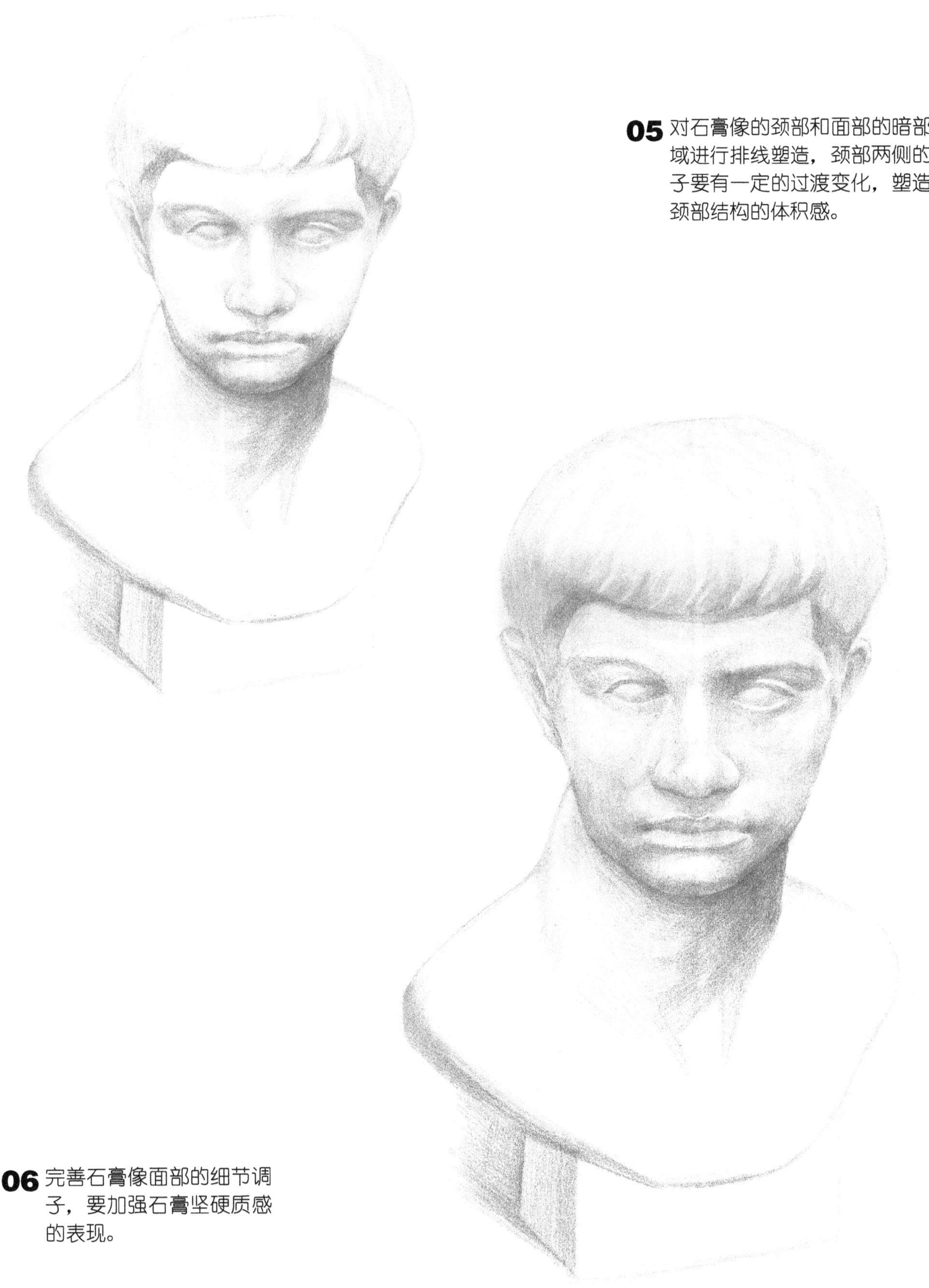

05 对石膏像的颈部和面部的暗部区
域进行排线塑造，颈部两侧的调
子要有一定的过渡变化，塑造出
颈部结构的体积感。

06 完善石膏像面部的细节调
子，要加强石膏坚硬质感
的表现。

　　绘制正面石膏像首先要掌握正面石膏像的基本比例结构，确定出准确的头部比例，绘制出正确的头部透视轮廓结构。

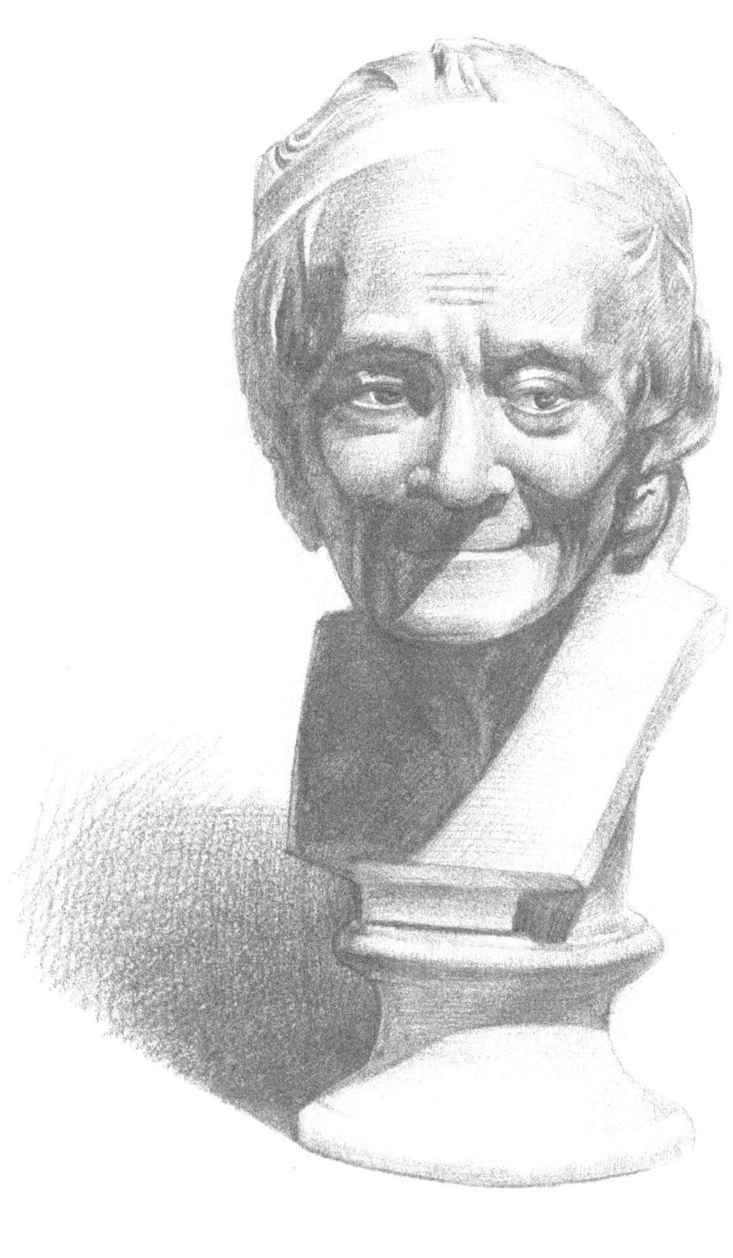

形体结构分析

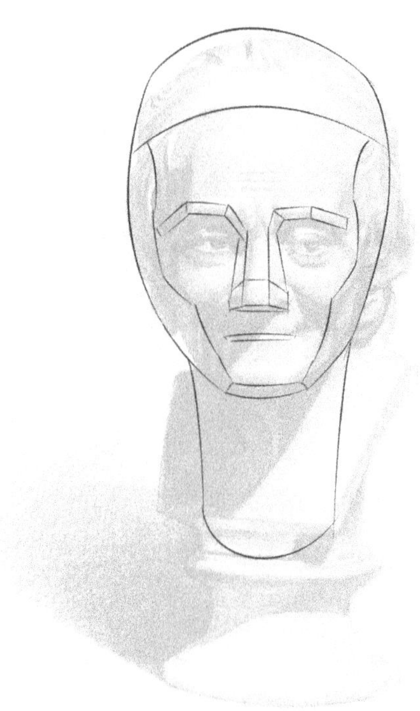

明暗关系分析

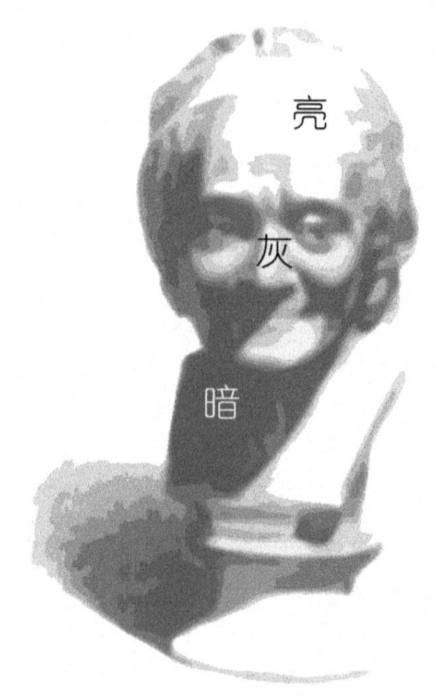

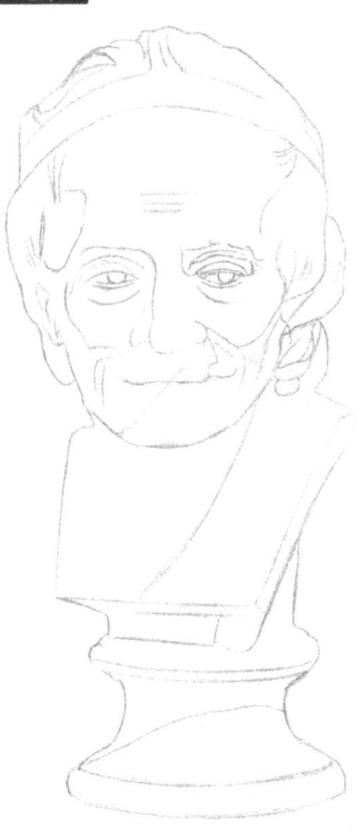

01 刻画整体形体的轮廓线，把握好头部与颈部的比例。注意五官轮廓的刻画。

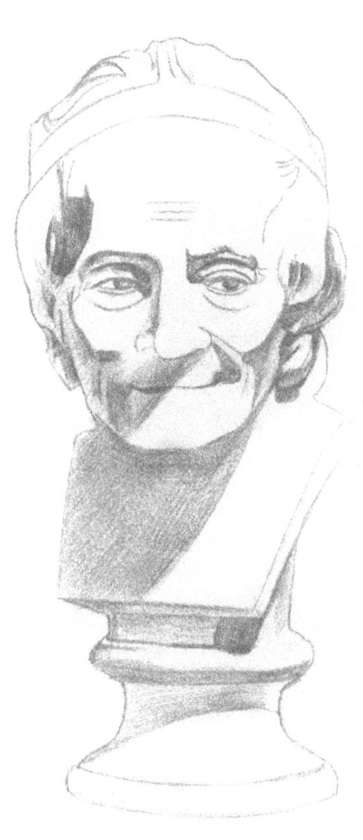

02 确定出画面中的光源位置，分析出石膏头像的亮暗区域，对暗部区域进行排线塑造。

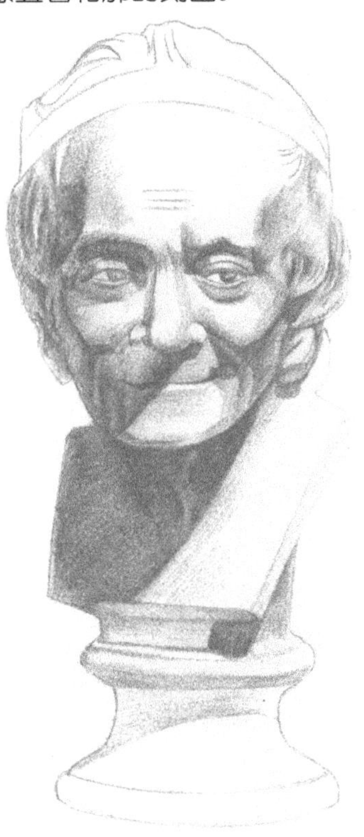

03 细致绘制五官的明暗调子，注意鼻底下方的投影要与鼻子的结构相互吻合。

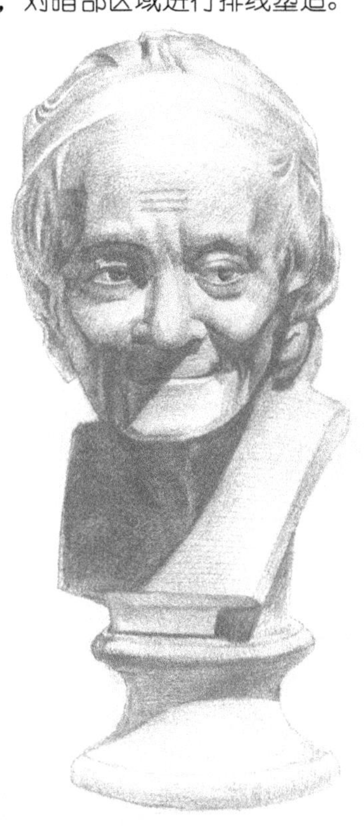

04 统一暗部的整体排线，用细密的线条进行刻画。注意排线方向要与形体结构保持一致。

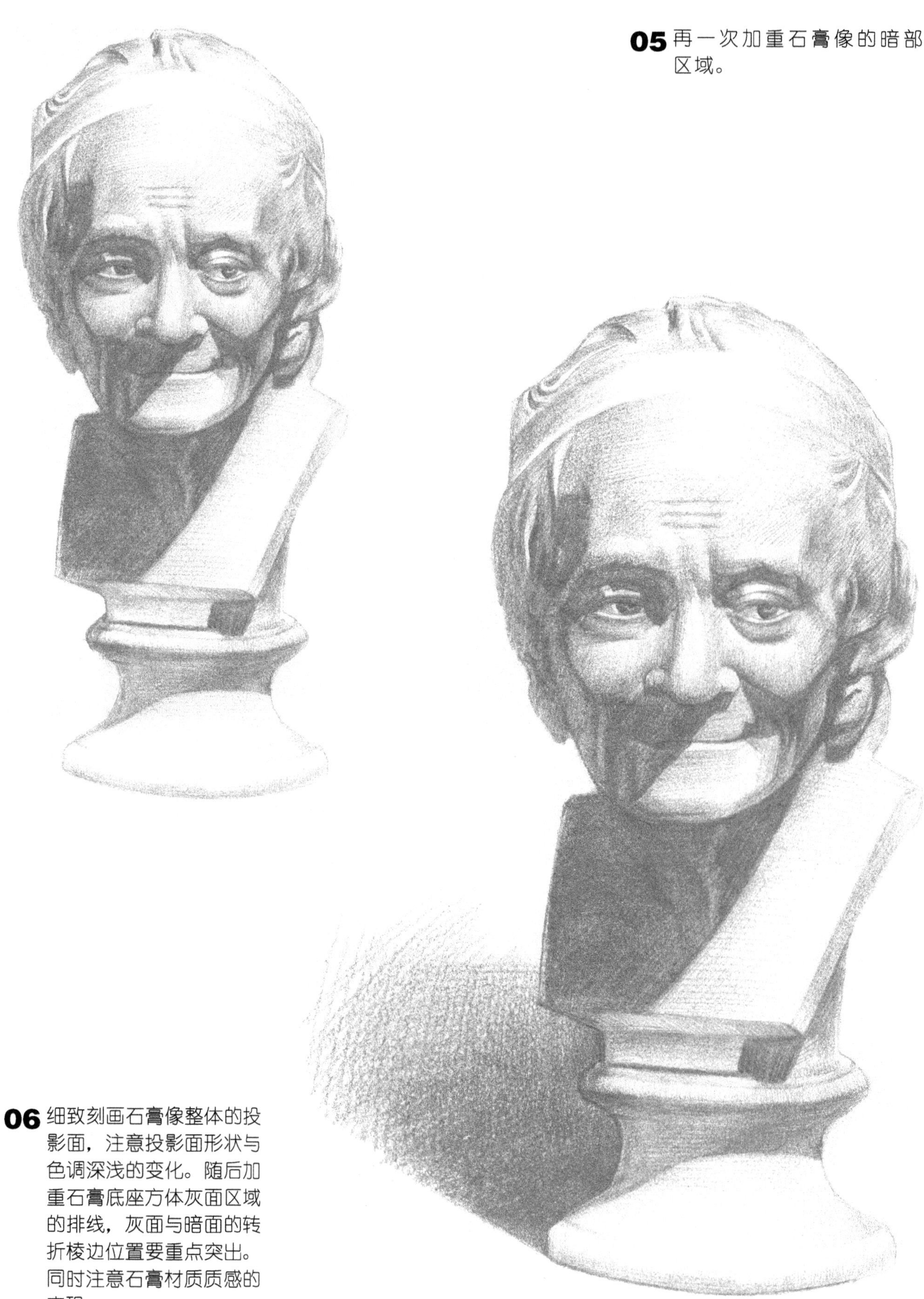

06 细致刻画石膏像整体的投
影面，注意投影面形状与
色调深浅的变化。随后加
重石膏底座方体灰面区域
的排线，灰面与暗面的转
折棱边位置要重点突出。
同时注意石膏材质质感的
表现。

案例解析

  绘制 1/2 侧面的伏尔泰石膏头像时，应注意把握准确的角度比例结构，绘制石膏像的轮廓结构时注意整体头像的透视效果。

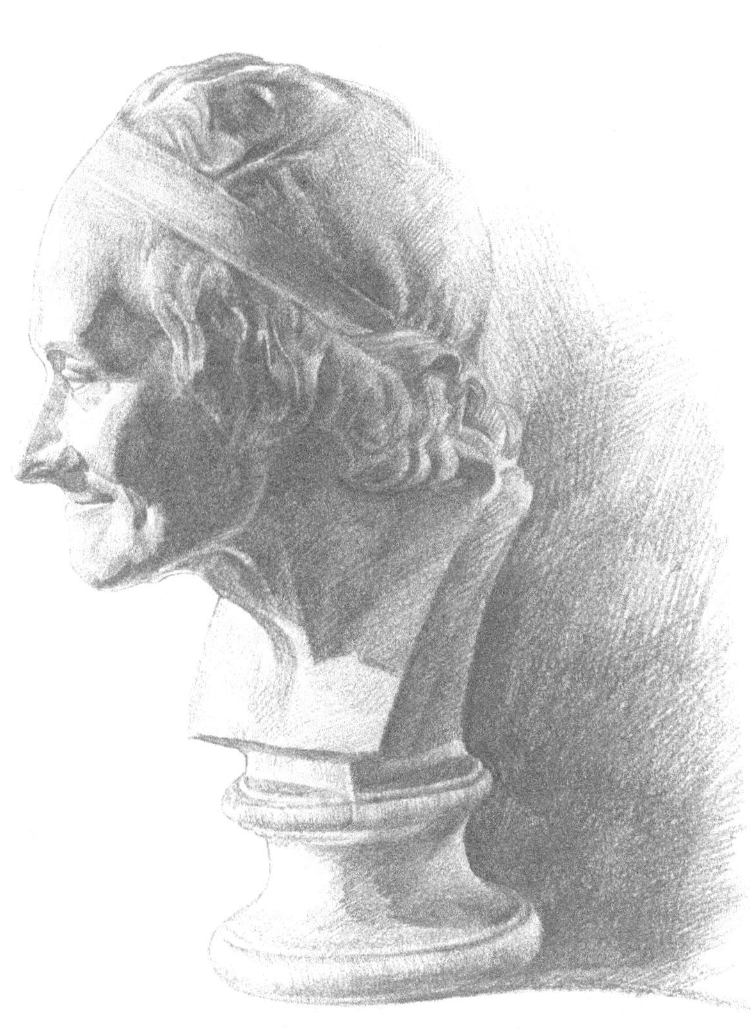

形体结构分析

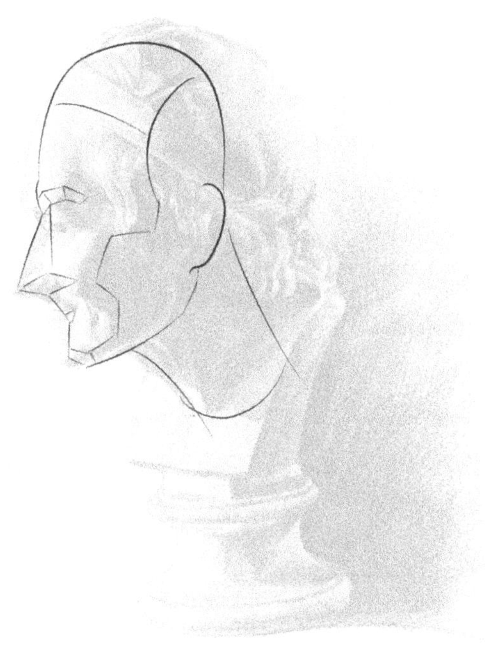

明暗关系分析

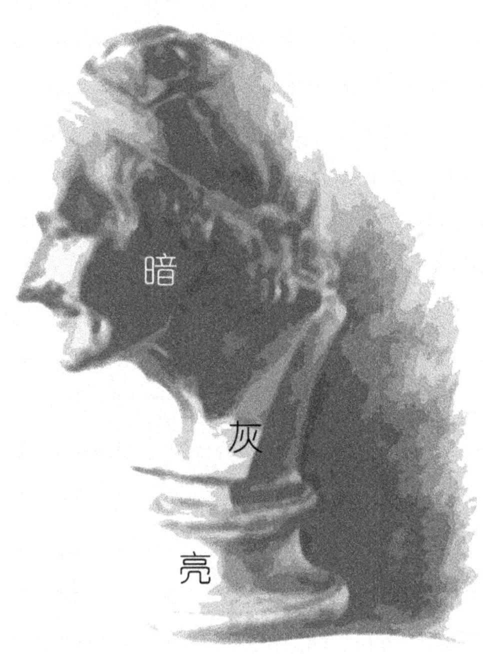

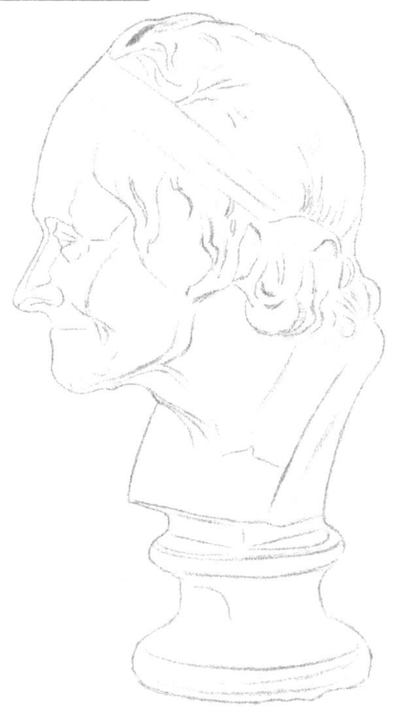

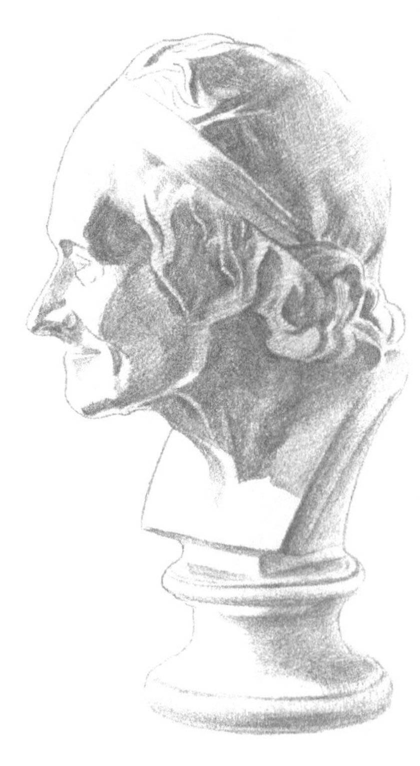

01 概括地画出石膏像整体的轮廓线，把握好侧面形体的透视变化，注意细节轮廓的勾画。

02 依据光源的照射方向，对石膏像的暗部区域进行整体排线塑造，暗部的排线调子要统一，注意轮廓区域的变化。

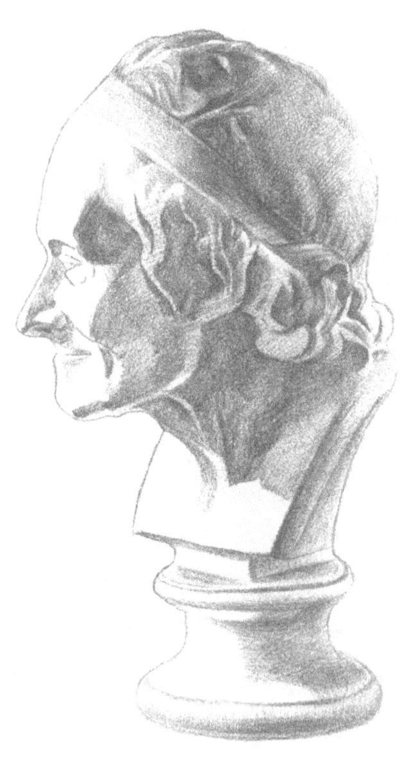

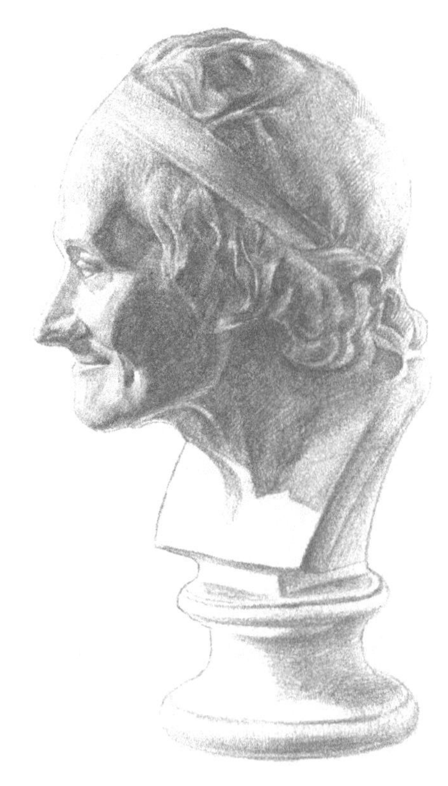

03 对暗部进行加深刻画，结构转折处的色调要加重，以塑造出形体的体积感。

04 对暗部的排线进行统一，增强画面黑、白、灰的对比关系。

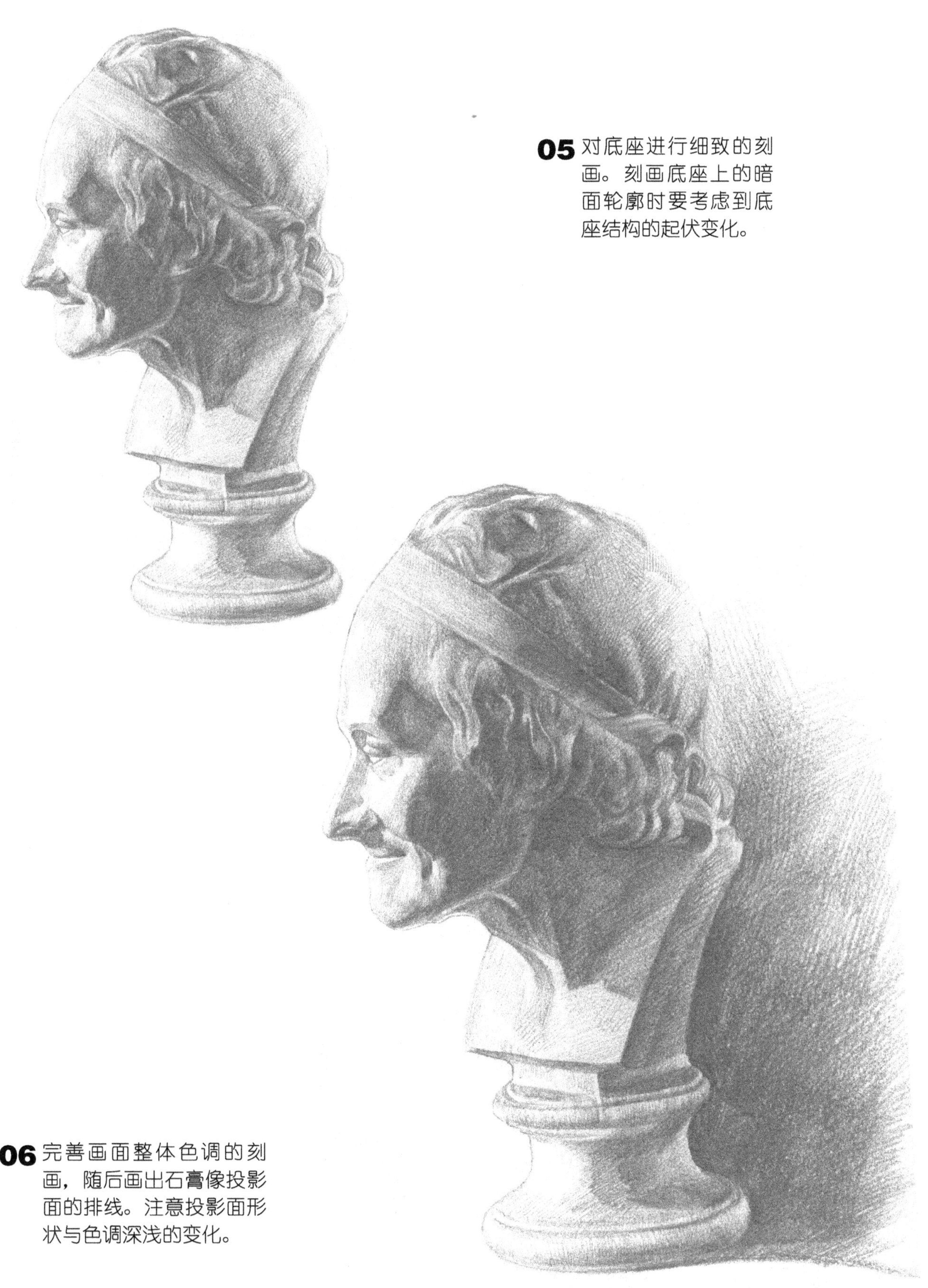

05 对底座进行细致的刻
画。刻画底座上的暗
面轮廓时要考虑到底
座结构的起伏变化。

06 完善画面整体色调的刻
画，随后画出石膏像投影
面的排线。注意投影面形
状与色调深浅的变化。

案例解析

绘制 3/4 侧面的高尔基石膏头像时，首先要观察石膏像整体的透视角度，然后根据近大远小的透视关系画出准确的结构透视，并把握好五官的准确比例。

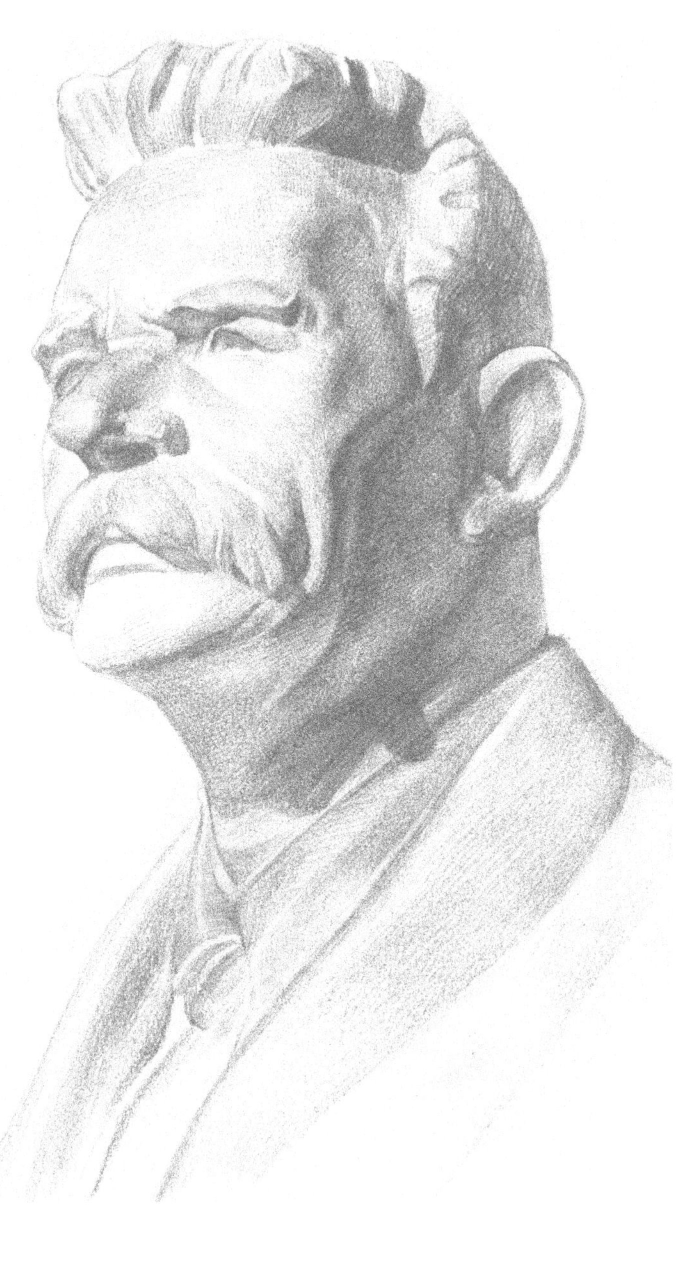

形体结构分析

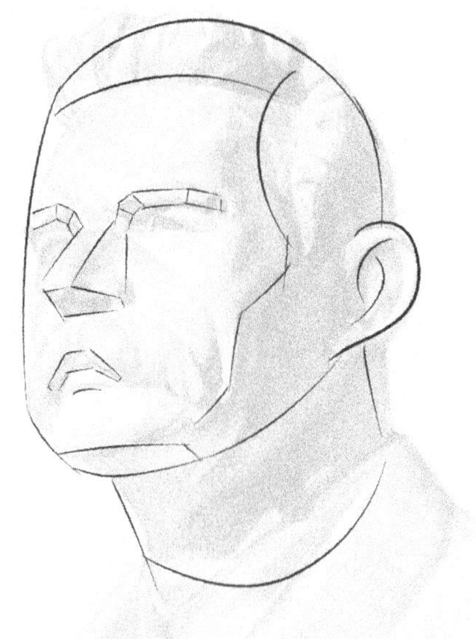

明暗关系分析

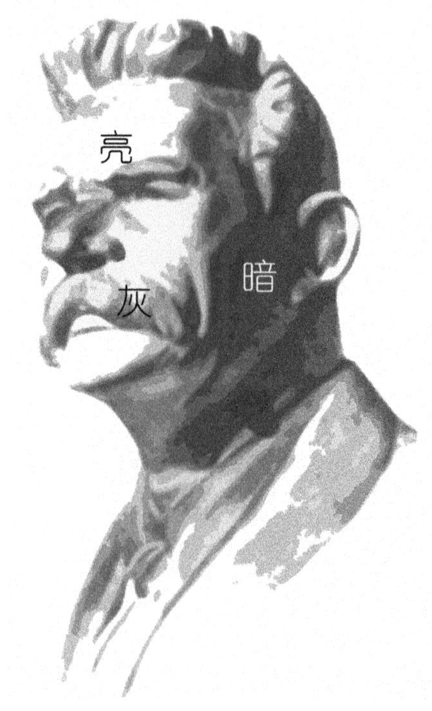

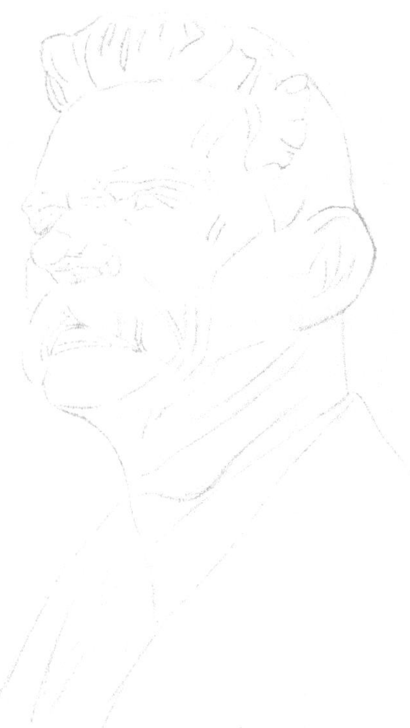

01 将石膏像的整体轮廓线简单地进行概括，线条的刻画要圆润流畅。

02 区分出石膏像的亮暗区域，把握好明暗交界线的位置，对暗部区域进行整体的刻画。

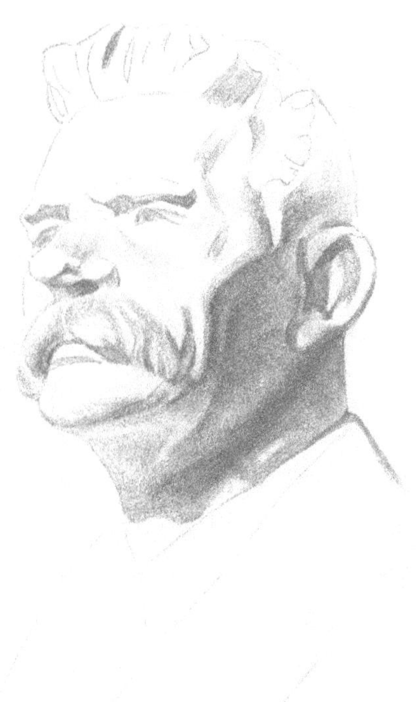

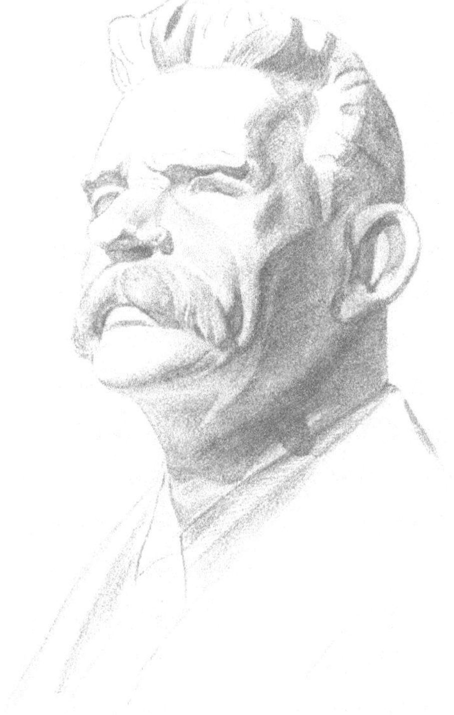

03 对石膏像面部的暗部排线进行细致刻画，面部的骨骼结构较为突出，刻画时注意塑造出面部明暗交界线的走向变化，加强对面部体积感的塑造。

04 对灰面的形体结构进行整体的排线，加强形体细节处的结构刻画，逐渐向亮面进行过渡。

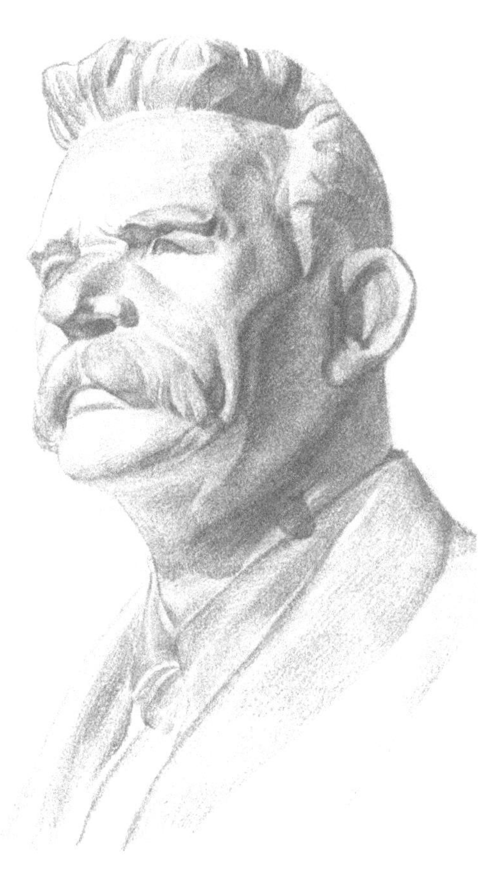

05 对石膏像进行整体的刻画，
把握对石膏像质感和体积
感的塑造，在处理细节时
应更多地注意对石膏质感
的表现。

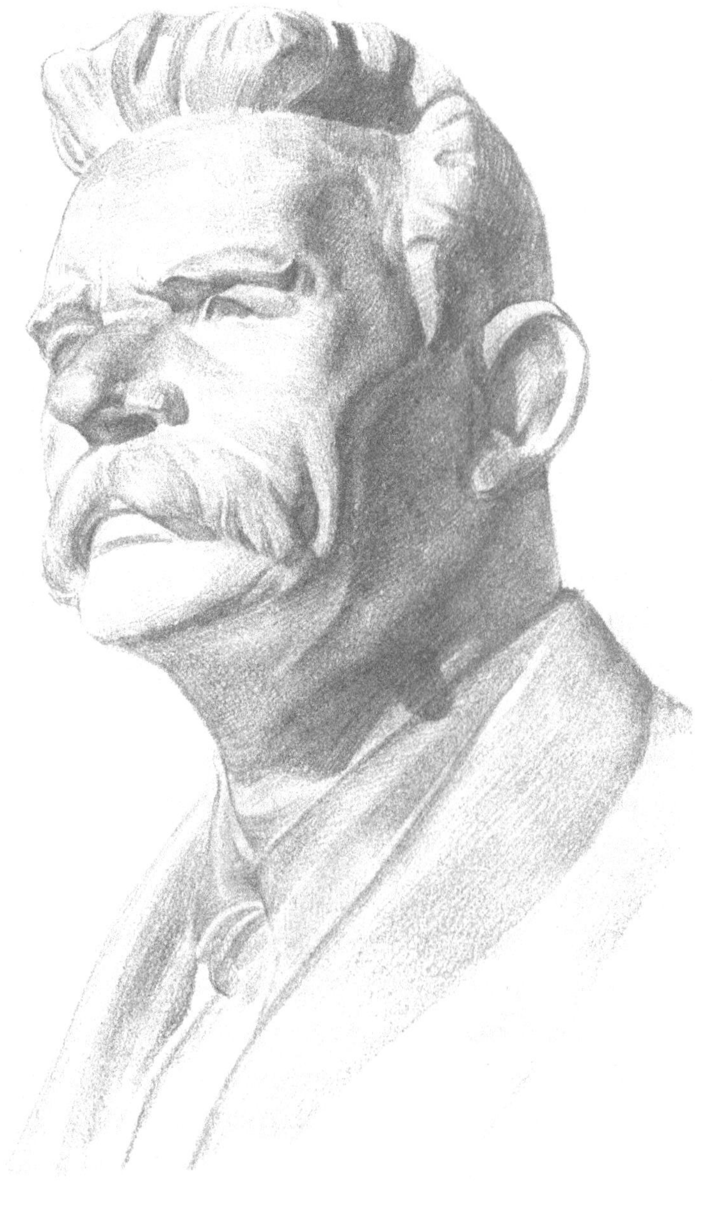

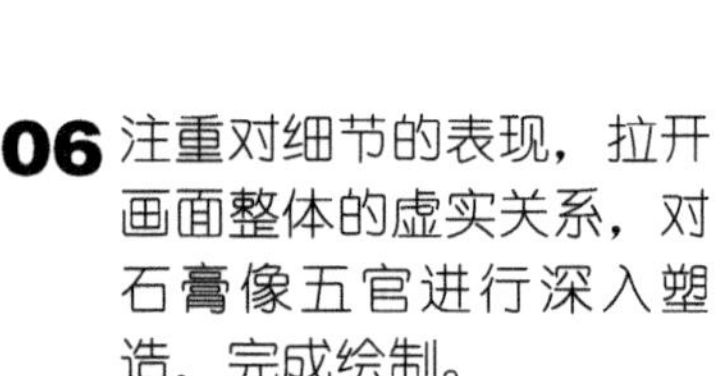

06 注重对细节的表现，拉开
画面整体的虚实关系，对
石膏像五官进行深入塑
造，完成绘制。